Exceptionally Simple Snacks

小麦粉と砂糖を使わ

とびきりてかるなおやつ

中平真紀子
Makiko Nakahira

KADOKAWA

はじめに

はじめまして。中平真紀子です。
私は、ヨガ・ピラティス講師として
働く傍ら、インスタグラムやレシピ
サイト「Nadia」で、体にやさしく
手軽に作れる「ゆるっとグルテン
フリーのおやつ」と「腸活ごはん」、
のレシピを発信しています。

もともと料理が好きではありました
が、体にやさしい料理やお菓子を作
るようになったのは、自分自身が体
調を崩したことがきっかけです。
小麦粉に含まれるグルテンが体調を
崩すひとつの要因となっていたこと
を知り、グルテンフリーの生活をす
るようになりましたが、市販のお菓
子は小麦粉が使われているものばか

り。それならば自分で作ろうと、レシピを考えるようになりました。

元々は自分のためにはじめたお菓子作りでしたが、趣味ではじめた写真撮影の練習がてら、料理やお菓子のレシピをインスタグラムに投稿してみたところ、これが大反響。
ピラティスの生徒さんから、「先生のお料理やお菓子って、簡単に作れてとってもおいしい！　もっとレシピを投稿してください」と言っていただき、数多くのレシピを投稿するようになりました。

本書のレシピはすべて小麦粉と砂糖不使用で、身近な食材で手軽に作れるものばかり。

さらに、卵やベーキングパウダー、乳製品を使っていないレシピもたくさんあるので、アレルギーがある方でも安心して食べていただくことができます。
思い立ったらすぐに作れるレシピばかりなので、ピンときたものからぜひ作ってみてください。

体にやさしいお菓子を食べると、体だけでなく心も満たされてくるから不思議。
自分の体を労わることは、自分の心を労わることにもつながっているのだと思います。
本書で紹介しているレシピたちが、皆さんの体と心の活力になれば幸いです。

中平真紀子

Contents

Part 1　SNSで大人気の Bestおやつ

Part 2　材料3つでできる お手軽おやつ

Part 3 米粉とオートミールで作る サクサククッキー

Part 4 小麦粉不使用で作る マフィン&スコーン

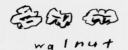

Part 5 特別な日に作りたい
贅沢ケーキ&パンケーキ

Part 6 ほっとなごむ癒しの
和スイーツ

Part 7 ひんやりスイーツ

本書の注意点

- 電子レンジは600Wを使用しています。
- オーブンは電気オーブンを使用しています。機種やメーカーによって同じ加熱時間でも焼き加減が変わることがあるので、加熱時間は様子を見て調節してください。
- オーブンや電子レンジを使用する際は、必ず耐熱性のボウルを使用しましょう。
- バターは特に記載がない場合、食塩不使用タイプを使用しています。どちらを使用してもかまいません。
- ヨーグルト、ココアパウダーは無糖タイプを使用しています。
- 米粉は製菓用を使用しています。
- はちみつを使用しているレシピは、1歳未満の乳児には与えないでください。

chocolate muffin

- メープルシロップは大さじ1＝19g、米油は13gです。

Nadia Collectionとは

プロの料理家のおいしいレシピが集まるレシピサイト「Nadia」を舞台に、食で自己表現をするクリエイター「Nadia Artist（ナディアアーティスト）」を主役とした「Nadia」×「KADOKAWA」の書籍シリーズです。インターネットだけでなく、紙媒体である書籍でも食の情報をアウトプットすることで、Nadia Artistの新しい活躍の場を生み出していきます。

STAFF

制作協力／葛城嘉紀、黒澤佳(Nadia株式会社)
デザイン／大塚勤(Comboin)
イラストレーション／オオツカユキコ
撮影・スタイリング／中平真紀子
編集／上野真依
校正／鷗来堂

ゆるっとグルテンフリーで体にやさしい

"とびきり手軽なおやつ"の魅力

この本で紹介している
"とびきり手軽なおやつ"の特長と魅力をご紹介します。

魅力 1

すべてのレシピが 小麦粉＆砂糖不使用

ダイエットや健康に関心の高い人でも安心して食べられるよう、本書で紹介しているレシピはすべて、小麦粉と精製された白砂糖を使わずに作っています。「小麦粉や砂糖を使わないとおいしくない」と思われがちですが、そんな常識をくつがえすとびきりおいしい自信作ばかりなので、ぜひお試しください。

甘みはメープルシロップや
フルーツを使用

小麦粉の代わりに
米粉が大活躍

魅力 2

卵やベーキングパウダー、 乳製品不使用レシピも豊富

本書のおやつは、小麦粉や砂糖以外に、「卵・ベーキングパウダー・乳製品」を使わないレシピも豊富。どのレシピにどの食材が入っていないかひと目でわかるよう、すべてのレシピにアイコンがついています。アレルギーや健康上の理由などから控えたい食材がある方は、作る前にここをチェックしてください。

控えたい食材は
アイコンでチェック！

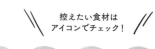

| 小麦粉 不使用 | 砂糖 不使用 | 卵 不使用 | ベーキング パウダー 不使用 | 乳製品 不使用 |

魅力 3

材料少なめで 気軽にはじめられる

本書で紹介しているおやつの多くは、手軽に揃えられる材料を使ったものばかり。中には、たった3つの材料で作れるレシピもあるので、お菓子作りが苦手な人や初心者でも気軽に挑戦することができます。「お菓子作りは揃える材料が多くてめんどう……」という人にもおすすめです！

材料たったの3つで
作れるレシピも！

ピーナッツバター
オートミールクッキー
P.36 へ

甘酒ゼリー
P.42 へ

魅力4

工程が簡単だから
誰でも作りやすい

1つのボウルに材料を順番に入れてその都度混ぜ、あとは型に入れて焼くだけといったレシピや、型を使わずに作れるおやつなど、初心者でも気軽にはじめられるよう、とことん"簡単"にこだわりました。使う道具や洗いものが少ないのもうれしいポイントです。

ワンボウルで混ぜるだけ
レシピや型を使わないおやつもたくさん♪

魅力5

全レシピ工程写真つきだから
初心者でも失敗しない

本書でご紹介しているレシピは、なんとすべて工程写真つき！ 作り方の手順がひと目でわかる上、文章だけではわかりにくい、生クリームの泡立て目安や生地の固さ、焼き加減なども写真で確認することができるので、格段に失敗しにくくなります。

見極めが難しい生クリームの泡立てや
焼き加減も見てわかる！

魅力6

ダイエット中でも
罪悪感なく食べられる

本書のレシピは、どれも自然の甘さを生かした低糖質でヘルシーなものばかり。しかも、血糖値が急激に上がりやすく、太りやすいといわれている小麦粉や精製された白砂糖を使っていないので、ダイエット中でも安心して食べることができます。また、食物繊維やビタミンなど、ダイエットや美容のためにも積極的に摂りたい栄養素も豊富。食べながらキレイになることができます。

魅力7

作っていくうちに
自然と料理上手になる

お菓子をおいしく作る上で重要となるポイントや、失敗の原因となりやすい工程の注意点までを詳しく解説しているので、自然と上手に作るポイントが身につきます。お菓子作りで重要となる、生地の固さや焼き加減、メレンゲの状態なども何度か作っているうちに見極められるようになるので、お菓子作りがみるみる上達します。

基本の道具

フライパンや鍋、包丁などといった、基本の調理器具以外に、
本書のお菓子作りをする上で必要となる道具をご紹介します。

調理器具

ボウル

材料を入れて混ぜるのに
使用するボウル。電子レ
ンジで加熱する場合は、
必ずガラス製などの耐熱
性のものを用意しましょ
う。

泡立て器

材料を混ぜるときに使
用。小さすぎるとしっかり
混ざらないことがあるの
で、適度な大きさのある
ものを選んで。

ゴムベラ

柔らかいものを混ぜ合わ
せたり、ボウルや鍋につ
いた生地をキレイにかき
とりたいときなどに重宝
します。

計量スプーン、計量カップ

少量の粉物や液体など
の分量を測るときに使
用。計量スプーン、計量
カップ、両方用意しておき
ましょう。

スケール

材料の分量を測るとき
に使用。0.1g単位で測
れるものがあると便利で
す。

フードプロセッサー

ブルーベリークッキーサ
ンド(P.54)を作る際、材
料を混ぜ合わせるのに
使用します。

めん棒

主にクッキー生地などを
伸ばすときに使用。100
円ショップなどでも購入
できます。

ハンドミキサー

主に生クリームを泡立て
るのに使用。ハンドミキ
サーが必要なレシピを作
りたい場合は、事前に用
意しておきましょう。

消耗品

- -

ラップ

電子レンジで加熱する際や、生地を包んだりなど、さまざまな場面で使います。30cmタイプがあると便利です。

アルミホイル

主にケーキなどを焼く際、焦げるのを防ぐために使用します。

オーブンシート

焼き菓子を作る際、生地が天板や型にくっつくのを防ぐため、天板や型に敷いて使います。

グラシンカップ

マフィンなどを作る際、型に敷いて使う敷き紙。マフィンを作る際は、事前に用意しましょう。

お菓子の型

- -

マフィン型

本書では、一度に6個作れるタイプを使用。シリコン製やスチール製、ブリキ製などがあり、いずれを使用してもOK。

丸型

ホールケーキを焼くのに使用する丸型。本書では、直径15cmタイプを使用しています。

パウンド型

パウンドケーキを作るときの型。本書では、外寸182×90×H62mmを使用しています。

抜き型（サークル）

クッキーを作る際に使用する抜き型。サークルタイプは、ブルーベリークッキーサンド（P.54参照）で使用。

抜き型（菊型）

クッキーを作る際に使用する抜き型。菊型は、サクサク米粉クッキー（P.44参照）などで使用。

プリン型

主にプリンを作る際に使用する、「焼く、蒸す、冷やす」が可能なアルミ素材の型。

基本の材料

いずれもスーパーやネットショップ、
製菓材料専門店などで購入することができます。

米粉

米を細かく砕いて、パウダー状にしたもの。きめが細かいものを選ぶと、焼き菓子がふんわり仕上がります。本書では、共立食品「米の粉」を使用。

バター

本書では食塩不使用タイプを使っていますが、有塩タイプを使ってもOK。有塩タイプを使う場合は、レシピに記載している塩の分量を少し減らして調節してください。

クリームチーズ

チーズケーキで使用するのはもちろん、お菓子のトッピングなどとしても重宝します。

メープルシロップ

砂糖の代わりとして、甘みをプラスするのに使用します。本書では、ノコミス「メープルシロップ」を使用。

本みりん

本書では、みりんを使うレシピはすべて本みりんを使用。みりん風調味料には砂糖が含まれているので注意しましょう。

卵

本書では1個50～55gのものを使用。卵を使っていないレシピも掲載しているので、卵を控えたい人はレシピにあるアイコンをチェック。

ベーキングパウダー

主に焼き菓子を膨らませるのに使う粉。本書ではアルミニウム不使用タイプを使用しています。

ゼラチン

ゼリーなどを作る際、液体を固める役割があります。本書ではふやかさずに使えるクイックタイプを使用しています。

オートミール・オートミールパウダー

粒状のオートミールと、粉末にしたオートミールパウダーがあり、用途によって使い分けます。

抹茶パウダー

お好みのものを使ってOKですが、発色のよいものを使用すると色鮮やかでキレイに仕上がります。

くるみ

香ばしさや風味が加わり、食感のアクセントにも。お菓子の味のじゃまをしない、塩分不使用タイプがおすすめです。

レーズン

食物繊維やビタミンが豊富で、自然な甘みを加えたいときにぴったり。ラムレーズンを使うと、大人の味わいに仕上がります。

おいしく作るポイント

お菓子作りをはじめる前に覚えておきたい、
おいしく作るポイントをご紹介します。

Point 1 常温に戻す材料は 早めに冷蔵庫から出す

バターやクリームチーズなどは、常温に戻して柔らかくしてから使用するレシピが多いので、その場合は事前に冷蔵庫から出しておきましょう。ただし冷たいままのものを使用することもあるので、各レシピの説明通りに作ってください。

Point 2 焼く前に生地の状態をCHECK! 牛乳などで固さを調節

本書の分量通りに作っても、食材の種類や状態などによっては固さが変わることがあります。生地が固い場合は、レシピの解説に沿って牛乳や豆乳などを加えて、調節しましょう。

Point 3 レシピの焼き時間は目安 焼き上がりを確認しよう

生地の固さや、使用するオーブンなどの調理器具の種類によっても、焼き時間は異なります。焼き上がったら竹串などを刺して中まで焼けているか確認し、焼けていない場合は加熱時間を追加して調節してください。

Point 4 甘さが足りない場合は 仕上げに足す

本書のレシピは、素材の味を引き出すため、甘味料は控えめです。生地を作る時点でメープルシロップなどの甘味料を足すと焼き上がりが変わってしまうことがあるので、甘みが足りない場合は食べるときにメープルシロップをかけるなどして調節してください。

本書の見方・注意点

❶ インデックス

本書では、おやつのジャンル別にレシピを紹介しています。「今日はクッキーが作りたい」など、食べたいジャンルが決まっている人は、ここをチェックして作りたいレシピを探しましょう。

❷ レシピ名

それぞれのレシピ名を記載。レシピの味や種類が想像しやすい名前になっているので、何を作るか決めるときの参考にしてください。

❸ 食材アイコン

すべてのレシピに、小麦粉、砂糖、卵、ベーキングパウダー、乳製品が使われているかひと目でわかるアイコンがついています。控えたい食材がある方は、ここを見て確認してください。

❹ 材料

各レシピの材料と分量を明記しています。なお、「豆乳（無調整・または牛乳でも可）」の場合、豆乳の使用がおすすめで、牛乳は代用するものとなります。代用品について、❸のアイコンには反映していません。

❺ 作り方

各レシピの作り方は、すべて工程写真つきで紹介しています。説明文を読むだけではわかりにくい、生地の状態や焼き加減などは写真を見て確認すると失敗しにくくなります。

❻ ポイント

作る上で意識してほしい調理のポイントや、アレンジの方法、代替えできる食材などについて解説しています。よりおいしく作る上で重要なポイントも多数紹介しているので、必ずチェックしてください。

Part 1
SNSで大人気の
Bestおやつ

インスタグラムに投稿しているレシピの中で、特に反響の大きかったおやつをご紹介します。米粉で作るパンケーキやマフィン、オートミールで作るクッキーなど、どれも簡単ヘルシーでおいしいものばかり。何を作るか悩んだら、まずはここから試してみてください。

小麦粉
不使用

砂糖
不使用

しっとり、ふんわり
バナナパンケーキ

バナナのやさしい甘みを生かした、米粉を使ったパンケーキです。
砂糖を使っていないので、お子さんのおやつや朝食、ブランチにも。
お好みでメープルシロップをどうぞ。

【材料（直径10cm大 3枚分）】

米粉……100g
ベーキングパウダー……小さじ1
バナナ……小2本（可食部約100g）
卵……1個
牛乳（または豆乳［無調整］、オーツミルクでも可）……70㎖
米油……適量
バナナ（トッピング用）……適宜
メープルシロップ……適宜

Point!

フライパンに生地を流
した際、真ん中だけ厚
くならないよう注意。
全体の厚みを整えると、
火の通りが均一になり
キレイに仕上がります。

【作り方】

1 ボウルに皮をむいたバナナを入れ、フォークでつぶしてペースト状にする。

2 1に卵と牛乳を加え、泡立て器で混ぜる。

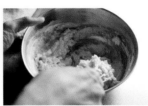

3 全体が混ざったら、米粉、ベーキングパウダーを加えて混ぜ合わせる。

4 フライパンに米油をひき、弱火にして3の生地を丸く流し入れる。

5 1分30秒〜2分焼き、生地の表面に気泡が出てきたら、フライ返しで上下を返し、さらに1〜2分焼く。

6 皿に移し、お好みで輪切りにしたトッピング用のバナナをのせ、メープルシロップをかける。

小麦粉
不使用

砂糖
不使用

混ぜて焼くだけ!
ブルーベリーと クリームチーズの マフィン

ひとつのボウルに順番に材料を入れて混ぜるだけなので、
お菓子作り初心者さんにもおすすめ。甘酸っぱいブルーベリーと
クリームチーズのまろやかさが、あとをひくおいしさです。

【材料（マフィン型6個分）】

米粉……100g
ベーキングパウダー……小さじ1
ブルーベリー……100g
クリームチーズ……3個(1個18g)

A
- 卵……1個
- メープルシロップ……大さじ2
- 米油……大さじ1
- 塩……小さじ1/8

【下準備】
・マフィン型にグラシンカップを入れる。
・オーブンは180℃に予熱しておく。

Point!

生地が固い場合は、牛乳、豆乳（無調整）、水などの水分を足して調節しましょう。

【作り方】

1 ボウルにAを入れて泡立て器でよく混ぜる。

2 米粉、ベーキングパウダーを加え、ゴムベラで混ぜ合わせる。

3 ブルーベリーを入れてさらに混ぜ合わせる。

4 スプーンなどを使い、マフィン型の8分目あたりまで**3**の生地を入れ、手で割ったクリームチーズを押し込むようにトッピングする。

5 180℃のオーブンに入れて約25分焼く。

6 こんがりと焼き色がついたら熱いうちに型から出し、ケーキクーラーなどにのせて冷ます。

甘さ控えめで素朴な味わい

豆腐 さつまいもマフィン

小麦粉
不使用

砂糖
不使用

乳製品
不使用

米粉と豆腐のふんわりとした生地に、さつまいもを入れて焼き上げた、
やさしい味わい。豆腐を混ぜ込んだ生地は次の日も固くなりにくく、
ふんわりしっとりいただけます。

【材料（マフィン型6個）】

米粉……100g
ベーキングパウダー……小さじ1
さつまいも……150g
絹ごし豆腐……150g
A ┌卵……1個
　│メープルシロップ……大さじ2
　│米油……大さじ1
　└塩……小さじ1/8
炒りごま（黒）……適量

【下準備】

・さつまいもは、蒸し器か電子レンジで
　加熱して柔らかくし、粗熱をとっておく。
・マフィン型にグラシンカップを入れる。
・オーブンは180℃に予熱しておく。

Point!

・油は、なたね油など
お好みのもので代用で
きます。
・甘さ控えめの生地な
ので焼き色はあまりつき
ません。焼きすぎに注
意しましょう。

【作り方】

1 さつまいもは皮つきのまま、7〜8mm角に切る。

2 別のボウルに豆腐を入れ、泡立て器でなめらかになるまで混ぜる。

3 2にAを加えて混ぜ合わせる。

4 3に米粉、ベーキングパウダーを加えて混ぜ合わせ、1のさつまいもの2/3量を加えてさらに混ぜ合わせる。

5 マフィン型にスプーンなどで生地を流し入れ、残りのさつまいもと炒りごまをトッピングする。

6 180℃のオーブンで約25分焼く。熱いうちに型から取り出し、ケーキクーラーなどにのせて冷ます。

小麦粉
不使用

砂糖
不使用

ベーキング
パウダー
不使用

ジャムで手軽に ♪
いちごチーズケーキ

材料が少なめなので、気軽に作ることができるチーズケーキ。
いちごジャムを使っているので、季節を問わず作ることができるのもうれしいポイント。
生クリームの代わりに水切りヨーグルトを使い、ヘルシーに仕上げました。

【材料(丸型1台分)】

米粉……小さじ2
クリームチーズ……200g
卵……1個
ヨーグルト……200g（水切り前）
いちごジャム（砂糖不使用）
　　……200g（糖度33度）

【下準備】

・ヨーグルトは、ザルにペーパータオルを敷いた中に入れ、冷蔵庫でひと晩置いて水を切る。すでに水切りしてあるヨーグルトを使う場合は、100 ～ 120gが目安です。
・クリームチーズ、卵は常温に戻しておく。
・オーブンペーパーは一度クシャクシャにして広げ、型に敷いておく。
・オーブンは160 ～ 170℃に予熱しておく。

【作り方】

1 ボウルにクリームチーズを入れて泡立て器で柔らかくなるまで練り混ぜる。

2 1に卵を加えてなめらかになるまで混ぜ合わせ、米粉も加えてさらに混ぜ合わせる。

3 2に水切りヨーグルトを加えて混ぜ、いちごジャムも加えてさらに混ぜ合わせる。

4 3の生地を型に流し入れる。台に型をトントン落とすようにして気泡を抜き、160 ～ 170℃のオーブンで45分焼く。

5 焼き上がったら型のままケーキクーラーなどにのせて粗熱をとり、ポリ袋などに入れて冷蔵庫で半日冷やす。

Point!

・仕上がりが水っぽくなるのを防ぐため、ヨーグルトは水切りしてあるタイプがおすすめ。普通のプレーンヨーグルトを使用する場合は、必ず水切りしましょう。
・ジャムは糖度が高い方が甘みが強くなるので、お使いのジャムの糖度に合わせて量を調節してください。

小麦粉
不使用

砂糖
不使用

乳製品
不使用

とろーりバナナがおいしい
バナナケーキ

小麦粉、砂糖、乳製品不使用で作るバナナケーキ。
上にのせて焼いたバナナがトロリと甘い幸せの味。
ラムレーズンはお好みで入れなくてもおいしくいただけます。

【材料（パウンド型1台分）】

米粉……100g
ベーキングパウダー……小さじ1
バナナ……2本(可食部約150g)
A
  卵……1個
  米油……大さじ1
  塩……小さじ1/8
  ラムレーズン……20g
バナナ（トッピング用）……1本
くるみ……10g

【下準備】

・パウンド型の底と側面にオーブンシートを敷いておく。
・オーブンは180℃に予熱しておく。

BANANA

Point!

・生地が固い場合は、牛乳、豆乳（無調整）、水などの水分を足してください。
・バナナはよく熟して皮に黒い斑点があるものを使うのがおすすめです。

【作り方】

1 ボウルに皮をむいたバナナを入れ、フォークかマッシャーで押しつぶす。

2 1にAを加え、泡立て器で混ぜ合わせる。

3 2に米粉、ベーキングパウダーを加えてゴムベラでさっくりと混ぜ合わせる。

4 3の生地をパウンド型に流し入れ、縦に2等分にした飾り用のバナナとくるみをトッピングする。

5 180℃のオーブンで45〜50分焼く。こんがりした焼き色がつき、竹串を刺して生地がつかなければOK。

6 熱いうちに型から出し、ケーキクーラーなどにのせて粗熱をとる。

くるみがアクセント！

簡単りんごケーキ

小麦粉
不使用

砂糖
不使用

乳製品
不使用

乳製品不使用ですが、米油を加えることでふんわりしっとりとした食感に。
たっぷりのりんごを混ぜ込んだ生地に、香ばしいくるみとラムレーズンを加えることで、
さらにワンランク上のプロの味に仕上がります。

【材料（パウンド型1台分）】

米粉……100g
ベーキングパウダー……小さじ1
りんご……1個（可食部約200g）
A ┌ 卵……1個
　├ メープルシロップ……大さじ2
　└ 塩……小さじ1/8
米油……大さじ1
ラムレーズン（砂糖不使用）……20g
くるみ……適宜

【下準備】
・米粉とベーキングパウダーは合わせて混ぜておく。
・パウンド型の底と側面にオーブンシートを敷いておく。
・オーブンは180℃に予熱しておく。

Point!

生地が固い場合は、牛乳、豆乳（無調整）、水のいずれかを足してください。

【作り方】

1 りんごは皮と芯を除き、幅7〜8mm、厚さ2mmのいちょう切りにする。

2 ボウルにAを入れて泡立て器でよく混ぜ、米油を少しずつ加えて、その都度混ぜ合わせる。

3 2に合わせておいた米粉とベーキングパウダーを加え、泡立て器で混ぜ合わせる。

4 3に1とラムレーズンを加え、ゴムベラで混ぜ合わせる。

5 型に生地を流し入れ、お好みでくるみをトッピングする。

6 180℃のオーブンで45〜50分焼く。こんがりした焼き色がついたら熱いうちに型から出し、ケーキクーラーなどにのせて冷ます。

オーブントースターで簡単♪

米粉オートミールクッキー

| 小麦粉
不使用 | 砂糖
不使用 | 卵
不使用 | 乳製品
不使用 |

食物繊維が豊富なオートミールと米粉の
サクサクとした歯ざわりが楽しいクッキーです。
ベーキングパウダーを加えることで軽い食感に焼き上げました。

【材料（直径5cm大 約6枚分）】

A ┌オートミール……30g
  │米粉……30g
  └ベーキングパウダー……小さじ1/2

B ┌米油……大さじ1(13g)
  │メープルシロップ……大さじ1
  │豆乳（無調整・または牛乳でも可）……大さじ1
  └塩……ひとつまみ

【下準備】
・天板にアルミホイルを敷いておく。

o a t m e a l

【作り方】

1 ボウルにAを入れ、スプーンなどでざっくりと混ぜ合わせる。

2 別のボウルにBを入れ、泡立て器で混ぜ合わせる。

3 2に1を加え、さらに混ぜ合わせる。

4 ひとまとまりになったら6等分にして丸める。平らに押しつけてから天板に並べ、さらに上から押さえて厚さ5mmほどになるように整える。

5 1000Wのオーブントースターで10分焼き、焼き色がついていれば250Wに落として5分焼く。焼き上がったら、オーブントースターから取り出し、天板にのせたまま冷ます。

Point!

・油はお好みのもので代用可能です。
・生地がまとまりにくい場合は、豆乳、牛乳など水分を加えてください。
・オーブントースターで焼く際は、様子を見て途中で焦げそうなら上からアルミホイルで覆うか、温度を下げて調節しましょう。

サクホロ食感

抹茶スノーボール

| 小麦粉
不使用 | 砂糖
不使用 | 卵
不使用 | ベーキング
パウダー
不使用 |

抹茶の風味がおいしい、さっくりとした食感のスノーボールクッキー。
抹茶の色を生かすため、焼き色をつけないように低めの温度で焼いていきます。

【材料（直径5cm大 約20個分）】

```
  ┌米粉……50g
A │ アーモンドプードル……50g
  └抹茶パウダー……5g
バター……30g
塩……ひとつまみ
メープルシロップ……30g
抹茶パウダー（仕上げ用）……適宜
```

【下準備】
・バターは室温に戻しておく。
・天板にオーブンペーパーを敷いておく。
・オーブンは170℃に予熱しておく。

Point!

・生地がまとまらない場合は、様子を見ながらメープルシロップや水などの水分を足してください。
・仕上げの抹茶パウダーの代わりに、粉糖をまぶしてもおいしくいただけます。

【作り方】

1 ボウルにAを入れてスプーンなどで混ぜ合わせる。

2 別のボウルにバターを入れて泡立て器で混ぜ、なめらかになったらお好みで塩を加えて混ぜ合わせる。

3 2にメープルシロップを加えて混ぜ合わせる。

4 3に1を加え、ゴムベラで混ぜ合わせる。

5 抹茶が全体になじんだら、1個が約8gになるように手で丸め、少し押さえる。

6 天板に並べ、170℃のオーブンで15分焼く。焼けたら天板の上にのせたまま冷ます。完全に冷めたら、お好みで仕上げ用の抹茶パウダーをふりかける。

ひと口サイズで食べやすい♪

スイートポテト

小麦粉不使用　砂糖不使用　ベーキングパウダー不使用

砂糖は使わず、さつまいもの甘みを活かした体にやさしいおやつ。
型やカップを使わず、ラップで包むだけという手軽さも魅力。
ひと口サイズで食べやすく、小腹がすいたときのおやつにもぴったりです。

さつまいも……中1個(約200g)

A ┌ 豆乳(無調整・または牛乳でも可)……大さじ2
  │ はちみつ ……小さじ1
  └ 米油……小さじ1

卵黄 ……1/2個分
水……小さじ1
炒りごま(黒)……少々

sweet
potato

【下準備】
・オーブントースターの天板にアルミホイルを敷いておく。

【作り方】

1 さつまいもは皮ごと蒸すか
ラップに包み、600Wの電子
レンジで約2分加熱する。温
かいうちに皮をむいてボウル
に入れ、フォークでつぶして
ペースト状にする。

2 1にAを加えて混ぜ合わせ、9
等分にしてラップで茶巾に包
んで形を整える。

3 2を天板に並べる。卵黄を水
と混ぜ、ハケなどで2の表面に
塗って炒りごまをのせる。

4 オーブントースターで、表面
に焼き色がつくまで5〜10
分焼く。

Point!

なめらかにしたい場合は、
さつまいもを裏ごししてく
ださい。

【材料（作りやすい分量）】

A ┌ オートミール……100g
  │ スライスアーモンド……20g
  │ くるみ……20g
  └ ココナッツファイン……10g

B ┌ 米油……大さじ1
  └ メープルシロップ……大さじ1と1/2

米粉……大さじ1

お好みのドライフルーツ
　（レーズン・クランベリーなど）……適量

【下準備】

・くるみは食べやすい大きさに手で割っておく

・天板にオーブンシートを敷いておく。

・オーブンは160℃に予熱しておく。

| 小麦粉 不使用 | 砂糖 不使用 | 卵 不使用 | ベーキング パウダー 不使用 | 乳製品 不使用 |

グルテンフリーで体にやさしい
米粉グラノーラ

米粉を使ったグルテンフリーのグラノーラです。
やさしい甘さなので、そのままつまんでもヨーグルトなどに添えても美味。
ナッツやドライフルーツはお好みのものでアレンジしてみてください。

【作り方】

1 ボウルにAを入れて混ぜ合わせ、Bを加えてゴムベラで混ぜ合わせる。米粉を加え、全体に米粉をまぶすように混ぜ合わせる。

2 天板に1を広げて160℃のオーブンで15分焼き、オーブンから一旦取り出し、上下を返すように混ぜる。

3 再びオーブンに入れて160℃で15分焼く。オーブンから出したら、そのまま冷まし、お好みのドライフルーツを加える。

Point!

・焼き上がってもまだしんなりしている場合は、さらに5分ほど焼いてください。

・保存する場合は密封できるビンなどの容器に入れてください。

Part 2
材料3つでできる
お手軽おやつ

「お菓子作りは材料をたくさん揃えなくてはいけなくて大変そう……」そう思って作るのをためらっている人にぜひ試してほしい、少ない材料でできるおやつを集めました。お好みで入れる材料を除けば、どれもたった3つで作ることができるので、気軽に試すことができます。

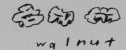

walnut

【材料（直径5cm 大 約9枚分）】

オートミール……100g
ピーナッツバター（無糖）……50g
メープルシロップ……50g
塩……ひとつまみ（お好みで）

【下準備】

・天板にオーブンシートを敷いておく。
・オーブンは160℃に予熱しておく。

スプーンで天板に落とすだけ

ピーナッツバター オートミールクッキー

小麦粉
不使用

砂糖
不使用

卵
不使用

ベーキング
パウダー
不使用

ピーナッツバターとメープルシロップの風味が溶け合う
オートミールのクッキーです。お好みで塩を加えると、
甘じょっぱいクセになる味わいに仕上がります。

【作り方】

1 ボウルにピーナッツバターを入れてゴムベラで柔らかく練り混ぜ、メープルシロップ、塩を加えて混ぜ合わせ、オートミールを加えてひとまとまりになるように混ぜる。

2 1を9等分して間隔を空けて天板に並べ、水をつけたスプーン、または指で押さえるようにして形を整える。

3 160℃のオーブンで20〜25分焼き、ケーキクーラーなどに広げて冷ます。

【材料（2 〜 3人分）】

クリームチーズ……100g
マーマレード（砂糖不使用）……大さじ1
生クリーム…… 100㎖
マーマレード
　　（トッピング用・砂糖不使用）……適量

Point!

マーマレードの代わりにいちご
やブルーベリージャムを使った
り、フルーツやシリアルをトッピ
ングしたりしてもおいしくいただ
けます。

小麦粉
不使用

砂糖
不使用

卵
不使用

ベーキング
パウダー
不使用

マーマレード香る
クリームチーズムース

泡立て器で混ぜるだけで作れる究極のお手軽おやつ。
濃厚なクリームチーズに、マーマレードの爽やかさが絶妙にマッチ。
ふんわり軽く、なめらかな口当たりでいくらでも食べられるおいしさです。

【作り方】

1 ボウルにクリーム
チーズを入れて泡立
て器でなめらかにな
るまで混ぜ、マーマ
レードを加えて混ぜ
合わせる。

2 別のボウルに生ク
リームを入れ、角が
おじぎをするくらい
まで泡立てる。

3 1に2を加えて混ぜ
合わせる。

4 絞り袋に入れて、グ
ラスなどの器に絞り
出し、飾り用のマーマ
レードをトッピングす
る。

【材料（作りやすい分量）】

りんご……小1個（可食部約150g）

A ┌ 本みりん……100mℓ
　├ 水……100mℓ
　├ レモン汁……少々
　├ シナモンスティック……1/2 ～ 1本
　└ （お好みで）

Point!

りんごは「ふじ」などシャキシャキ感のある品種がおすすめです。

みりんで作る！
りんごのコンポート

小麦粉不使用　砂糖不使用　卵不使用　ベーキングパウダー不使用　乳製品不使用

りんごそのもののおいしさに、本みりんでやさしい甘さをプラスしたコンポートです。短時間でさっと煮るだけなので手軽に作れるのも魅力。そのままで食べても、アイスクリームやパンケーキに添えてもおいしくいただけます。

【作り方】

1 りんごは皮をむいて4等分にし、芯を取り除いて、さらに4等分のくし形切りにする。

2 鍋に1、Aを入れて火にかける。煮立ったらフタをして、弱火で約10分加熱する。

3 冷めたら保存容器などに移す。

【材料（作りやすい分量）】

いちじく……4〜5個

A ┌ 本みりん……150㎖
  │ 赤ワイン……30㎖
  └ 水……30㎖

Point!

・赤ワインと本みりんの割合はお好みでOK。ワインが多めならより大人の味わいに仕上がります。

・本みりん、赤ワイン、水の分量は、いちじくが2/3ほど浸かるくらいが目安。少なければ鍋を傾けていちじくを浸したり、水を足したりして調節しましょう。

| 小麦粉 不使用 | 砂糖 不使用 | 卵 不使用 | ベーキング パウダー 不使用 | 乳製品 不使用 |

大人の極上デザート
いちじくの赤ワインコンポート

いちじくを赤ワインでサッと煮た、見た目もおしゃれな大人のデザート。
余ったいちじくや飲み残したワインを消費したいときにもおすすめです。
冷蔵庫で冷やして召し上がれ。

【作り方】

1 いちじくが大きい場合は縦半分に切る。

2 小鍋にAを入れ、1分ほど煮立たせてアルコールを飛ばし、弱火にしていちじくを加える。再び強火にし、煮立ったらすぐに火から下ろす。

3 粗熱がとれたらバットなどに入れ、冷蔵庫で冷やす。

生クリーム不使用でもリッチな味わい

小麦粉
不使用

砂糖
不使用

ベーキング
パウダー
不使用

甘酒チーズケーキ

甘酒の風味がほんのりと香る簡単チーズケーキ。3つの材料を順に混ぜて焼くだけなので、
はじめてのチーズケーキ作りにピッタリ。お好みで塩を少量加えると、
甘酒の甘みと旨みが引き立ち、コクのあるおいしさに仕上がります。

【材料（18cmパウンド型1台分）】

クリームチーズ ……200g
甘酒（無調整・濃縮タイプ）……150g
卵 ……1個
塩 ……適宜

【下準備】
・クリームチーズ、卵は常温に戻しておく。
・パウンド型にオーブンシートを敷いておく。
・オーブンは170℃に予熱しておく。

Point!

・塩を入れる場合は小さじ
1/8 程度が目安。お好みで
調節してください。
・甘酒は、甘酒1に対して
水2で希釈する、濃縮タイ
プを使用しています。

【作り方】

1 ボウルにクリームチーズを入れ、泡立て器で柔らかくなるまで練り混ぜる。

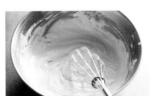

2 卵とお好みで塩を加え、なめらかになるまで混ぜ合わせる。

3 甘酒を加えて混ぜ合わせる。

4 生地を型に流し入れ、170℃のオーブンで40〜45分焼く。

5 焼き上がったら、型のままケーキクーラーなどにのせて粗熱を取り、ラップで覆うかポリ袋などに入れて冷蔵庫で2〜3時間冷やす。

【材料（2人分）】

甘酒（砂糖不使用）……300㎖
ゼラチン……5g
はちみつ……適宜

おいしく食べて健康キレイに
甘酒ゼリー

| 小麦粉
不使用 | 砂糖
不使用 | 卵
不使用 | ベーキング
パウダー
不使用 | 乳製品
不使用 |

免疫力のアップや腸内環境改善など、
健康や美容にうれしい効果がたくさんある甘酒を使ったゼリーです。
お好みではちみつをかけて召し上がれ。

【作り方】

1 小鍋に甘酒を入れて中火で加熱する。

2 煮立ったら火から下ろし、ゼラチンを加えて泡立て器で混ぜる。

3 バットなどに流し入れ、粗熱がとれたら冷蔵庫で約1時間冷やす。

4 スプーンで器に盛り、お好みではちみつをかける。

【材料（作りやすい分量）】

くるみ……50g
きな粉……20g
本みりん……60㎖

【下準備】
・オーブンシートにきな粉を
　敷いておく。

walnut

ダイエット中の おやつに 最適
くるみきな粉

小麦粉
不使用

砂糖
不使用

卵
不使用

ベーキング
パウダー
不使用

乳製品
不使用

栄養たっぷりのくるみときな粉を、本みりんでほんのり甘く味つけた簡単おやつ。
小腹を満たしながら不足しがちな栄養も摂れるので、
ダイエット中でも安心して食べられます。

【作り方】

1 フライパンに本みり
んを入れて中火で加
熱し、飴状になるま
で煮詰めて火を止め
る。

2 1にくるみを加えて
素早くからめる。

3 きな粉を敷いたオー
ブンシートにくるみを
並べ、粗熱がとれた
らきな粉をまぶす。

4 密閉容器に入れて保
存する。

【材料（直径約5cm菊型 約16枚分）】

米粉……100g
バター……50g
メープルシロップ……大さじ2
塩……ひとつまみ（適宜）

【下準備】

・バターは室温に戻しておく。
・天板にオーブンシートを敷いておく。
・オーブンは180℃に予熱しておく。

Point!

・生地がどうしてもまとまらない場合は、水を少しだけ足してください。
・生地が柔らかい場合は、冷蔵庫で少し休ませてから型で抜くとキレイに仕上がります。

シンプルイズベスト！

サクサク米粉クッキー

小麦粉
不使用

砂糖
不使用

卵
不使用

ベーキング
パウダー
不使用

米粉とバターとメープルシロップのみで作るシンプルなクッキーです。
サクサクとした食感は食べ出したら止まらないおいしさ。
米粉の味わいをお楽しみください。

【作り方】

1 ボウルにバターを入れ、泡立て器で柔らかくなるまで練り混ぜる。メープルシロップとお好みで塩を加え、混ぜ合わせる。

2 米粉を加えてゴムベラでボウルの底に押しつけるようにすり混ぜる。

3 ポリ袋に入れて手で押さえて平らにし、めん棒で厚さ約5mmに伸ばし、ポリ袋の周りを切り開く。

4 型で抜いて天板に並べ、フォークで刺して模様をつける。オーブンに入れ180℃で約20分焼く。焼き上がったら、そのまま冷ます。

Part 3 米粉と オートミールで作る サクサククッキー

米粉やオートミールを使って作る、小麦粉と砂糖不使用の
ヘルシーなクッキーです。シンプルでやさしい味わいなの
で、毎日食べても飽きないおいしさ。ごまやきな粉、ナッ
ツ類などを加えることで、甘さ控えめでも風味豊かな味わ
いに仕上がります。

食物繊維たっぷり オーツクッキー

小麦粉
不使用

砂糖
不使用

卵
不使用

乳製品
不使用

オートミールをパウダー状にしたオーツパウダーを使ったクッキー。
ベーキングパウダーを入れることでサクサク食感に。
クセのない味わいなので、オートミールが苦手な方にもおすすめです。

【材料（直径4～5cm大 約8枚分）】

A ┌ オーツパウダー……60g
  └ ベーキングパウダー……小さじ1/2

B ┌ メープルシロップ……大さじ1
  │ 米油……大さじ1
  │ 豆乳（無調整・または牛乳でも可）……大さじ1
  └ 塩……小さじ1/8
アーモンドスライス……10g
くるみ……10g

【下準備】

・くるみは細かく刻んでおく。
・天板にオーブンシートを敷いておく。
・オーブンは160~170℃に予熱しておく。

walnut

almond   oat

【作り方】

1 ボウルにAを入れ、混ぜ合わせる。

2 別のボウルにBを入れ、泡立て器でよく混ぜ合わせる。

3 2に1を加えて混ぜ、アーモンドスライス、くるみを加えて混ぜ合わせる。

4 生地をぎゅっと押さえるようにしながら丸め、天板に並べて手で押さえ、厚さ7～8mmの円形に形作る。

5 160～170℃のオーブンで25分焼く。焼き上がったら、天板にのせたまま冷ます。

Point!

・ナッツはお好きなものをお使いください。
・生地がまとまりにくい場合は、豆乳、牛乳など水分を加えてください。
・サクッと感が足りない場合は、150～160℃で5～10分、焼き時間を追加してみましょう。

【材料（長さ10cm約14本分）】

A ┌ 米粉……50g
　│ きな粉……15g
　│ ベーキングパウダー……小さじ2/3
　└ 炒りごま（黒）……5 〜 8g

B ┌ 豆乳（無調整）……25 〜 35㎖
　│ メープルシロップ……20g
　└ 塩……ひとつまみ

米油……15㎖

【下準備】
・天板にオーブンシートを敷いておく。
・オーブンは180℃に予熱しておく。

Point!

米粉の種類によって生地の状態は変わるため、ひとつにまとまらない場合は、生地が形作りやすい状態になるよう、豆乳を少しずつ加え混ぜて様子を見ましょう。

子どものおやつにもピッタリ！

（小麦粉不使用）（砂糖不使用）（卵不使用）（乳製品不使用）

黒ごまきなこのスティッククッキー

バターなどの乳製品を使わない、米粉ときな粉のクッキーです。
黒ごまの風味が香ばしく、サクサクとした食感。甘さ控えめなので、
毎日食べても飽きないやさしい味わいです。お子さんのおやつにもおすすめです。

【作り方】

1 ボウルにAを入れて混ぜ合わせる。

2 別のボウルにBを入れて泡立て器で混ぜ合わせ、米油を何回かに分けて加え、その都度よく混ぜる。

3 2に1を加えて混ぜ合わせる。生地を手に取り、ぎゅっとひとつにまとめ、両手ですり合わせるようにして10cmの棒状にする。

4 3を天板に並べて上から軽く押さえ、7 〜 8mm厚に整え、180℃で10分、160℃で10分焼き、天板のまま冷ます。

【材料（6×2.5cm 6個分）】

米粉 ……70g

すりごま（白）……30g

バター…… 30g

A［メープルシロップ……大さじ1と1/2
　　塩……ひとつまみ

豆乳（無調整）……小さじ1強

【下準備】

・バターは室温に戻しておく。

・オーブンは180℃に予熱しておく。

Point!

工程3で6等分の線を入れるときは、
先の丸いナイフなどを使いましょう。

| 小麦粉不使用 | 砂糖不使用 | 卵不使用 | ベーキングパウダー不使用 |

すりごま入りでサクサク！
白ごま ショートブレッド

すりごまの風味が香る、ごま好きにはたまらないクッキーです。
生地の中にすりごまをたっぷり加えることで、
アーモンドプードルなしでもサクサクホロホロの食感に仕上がります。

【作り方】

1 ボウルにバターを入れて泡立て器で混ぜ、Aを加えて混ぜ合わせる。米粉、すりごまを加えてゴムベラで混ぜ合わせる。

2 生地がそぼろ状になったら、豆乳を全体に振り混ぜるようにして合わせ、ひとまとめにする。

3 パウンド型に、*2*を入れて手で押しつけ、厚みを均等に整える。6等分の線を入れ、フォークなどで模様をつける。

4 180℃のオーブンで25〜30分焼く。焼き上がったら型のまま冷まし、冷めたら型から取り出してナイフで切り分ける。

卵不使用で作る

抹茶の型抜きクッキー

小麦粉
不使用

砂糖
不使用

卵
不使用

ベーキング
パウダー
不使用

ほろ苦い抹茶の風味が引き立つ素朴な味わいの米粉のクッキー。
シンプルな材料で手軽に作ることができます。そのまま食べるのはもちろん、
中にクリームを挟んで食べる（P.52 参照）のもおすすめです。

【材料（直径約5cm菊型 約15枚分）】

米粉……50g
抹茶パウダー……小さじ2と1/2
アーモンドプードル……50g
バター……30g
塩……ひとつまみ
メープルシロップ……大さじ1と1/2

【下準備】
・バターは室温に戻しておく。
・天板にオーブンシートを敷いておく。
・オーブンは170℃に予熱しておく。

Point!

抹茶の色を生かしたい
ので、濃い焼き色がつ
かないように気をつけま
しょう。

【作り方】

1 ボウルに米粉、抹茶パウダー、アーモンドプードルを入れて混ぜ合わせる。

2 別のボウルにバターを入れてなめらかになるまで混ぜ、塩、メープルシロップを加えて混ぜ合わせる。

3 2に1を加え、均一な状態になるように混ぜ合わせる。

4 ポリ袋に入れてめん棒で厚さ3mmに伸ばし、トレーなどにのせて冷蔵庫で10分ほど冷やす。

5 ポリ袋の横を切り開いて型で抜き、天板に並べる。

6 170℃のオーブンで約8分焼いたら温度を下げ、150〜160℃で5〜7分焼き、ケーキクーラーなどにのせて冷ます。

【材料（直径約5cm菊型 約7個分）】

抹茶クッキー（P.50参照）……14枚
クリームチーズ……100g
はちみつ……大さじ1
抹茶パウダー……小さじ2/3

【下準備】
・クリームチーズは室温に戻しておく。

Point!

・絞り出すときにクリームが柔らかすぎる
ようなら、冷蔵庫で冷やしましょう。

| 小麦粉 不使用 | 砂糖 不使用 | 卵 不使用 | ベーキング パウダー 不使用 |

ちょっぴり贅沢気分♪
抹茶のクッキーサンド

米粉で作った抹茶の色鮮やかな型抜きクッキーに、
砂糖不使用の抹茶クリームをたっぷりサンドした贅沢なクッキー。
キレイなグリーンが可愛らしい、抹茶好きにはたまらないひと品です。

【作り方】

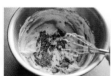

1 ボウルにクリーム
チーズを入れ、泡立
て器で柔らかくなる
まで練り混ぜ、はち
みつを加えて混ぜ合
わせる。

2 抹茶パウダーを振り
入れ、全体的に緑色
になるように混ぜ合
わせる。

3 口金をセットした絞り
出し袋に、ゴムベラで2
を移し入れる。

4 クッキーの上に中央か
ら円を描くようにクリー
ムを絞り出し、もう1枚
クッキーをのせる。

【材料（作りやすい分量）】

米粉……100g
アーモンドプードル……100g
バター……60g
塩……ひとつまみ
メープルシロップ……大さじ3

【下準備】
・バターは室温に戻しておく。
・天板にオーブンシートを敷いておく。
・オーブンは200℃に予熱しておく。

Point!

・生地を天板に並べたら、できるだけ早くオーブンに入れ、はじめに高温で焼くことで、クッキーの形がカチッとキレイに焼き上がります。
・チョコチップやナッツを入れるのもおすすめです。
・生地を冷凍庫に保存しておくこともできます。

| 小麦粉不使用 | 砂糖不使用 | 卵不使用 | ベーキングパウダー不使用 |

バターの風味香る
サクホロ 米粉のクッキー

バターの風味いっぱいのシンプルな米粉のクッキーです。
固くなりやすい米粉のクッキーですが、アーモンドプードルを入れることで、
サクッホロッとした食感になっています。

【作り方】

1 ボウルにバターを入れて混ぜ、なめらかになったら塩を加えて混ぜ、続いてメープルシロップを加えて混ぜ合わせる。

2 アーモンドプードルを加えて混ぜたら米粉を加え、さらに混ぜる。ラップに包んで棒状にし、冷蔵庫で20〜30分冷やす。

3 冷やした生地を包丁で厚さ7〜8mmに切り、天板に並べる。

4 200℃で5分焼いたら温度を170℃に下げ、さらに10〜15分焼く。

クリームたっぷり♪
ブルーベリークッキーサンド

小麦粉
不使用

砂糖
不使用

卵
不使用

ベーキング
パウダー
不使用

ブルーベリークリームの鮮やかな色合いが、おもてなしにもぴったりのクッキー。
今回は手軽なブルーベリージャムで作りましたが、本物のブルーベリーで作ると、
いっそうおいしく仕上がります。

【材料（6個分）】

＜サブレクッキー＞

A
- 米粉……100g
- アーモンドプードル……100g
- バター……60g
- 塩……ひとつまみ

本みりん（またはメープルシロップ）……大さじ3

＜クリーム＞

クリームチーズ……200g
ブルーベリージャム
（砂糖不使用）……適量

【下準備】
・バターは2cm角に切って冷蔵庫で冷やしておく。
・本みりんは半量になるくらいまで煮詰め、冷ましておく。
・天板にオーブンシートを敷いておく。
・オーブンは200℃に予熱しておく。

Point!

・フードプロセッサーを使用
しない場合は、P.53を参照。
・生のブルーベリーで作る場
合は、ブルーベリー100gに
対して本みりん60mℓを鍋に
入れ、弱火で5〜7分くら
い煮て冷まします。

【作り方】

1 フードプロセッサーにAを入れ、3秒×3〜4回ほどかくはんする。全体的に粉状になったら本みりんを回し入れ、再びかくはんする。

2 そぼろ状になっていくつか塊ができたらポリ袋に入れ、上から押さえるようにひとまとめにする。

3 めん棒で厚さ5mmに伸ばし、まな板などの上にのせて冷蔵庫で30分ほど寝かせる。

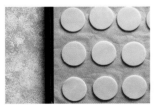

4 **3**を抜き型で抜き（ナイフで四角に切ってもOK）、天板に並べてオーブンに入れる。

5 200℃のオーブンで5分、170℃にして10分焼く。焼き色がついたらオーブンから取り出してそのまま冷ます。

6 ボウルにクリームチーズを入れて泡立て器で練り混ぜ、ブルーベリージャムと混ぜ合わせる。**5**に挟み、冷蔵庫で1時間ほど冷やす。

きな粉香る素朴な味わい

きな粉オートミールクッキー

小麦粉
不使用

砂糖
不使用

卵
不使用

乳製品
不使用

食物繊維が豊富なオートミールと
米粉のサクサクした歯ざわりが楽しいきな粉風味のクッキーです。
ベーキングパウダーが入ることで軽い食感に仕上がります。

【材料（直径5cm大 約12枚分）】

A ┌ オートミール……60g
  │ 米粉……50g
  └ きな粉……15g

B ┌ ベーキングパウダー……小さじ1
  │ 米油……大さじ2強
  │ メープルシロップ……大さじ2
  │ 水……大さじ1
  └ 塩……小さじ1/8

【下準備】
・天板にオーブンシートを敷いておく。
・オーブンは160~170℃に予熱しておく。

【作り方】

1 ボウルにAを入れてざっと混ぜ合わせる。

2 別のボウルにBを入れ、ゴムベラなどで軽く混ぜ合わせる。

3 2に1を加えて混ぜ合わせ、ひとまとめにする。

4 天板にスプーンなどで12等分して並べ、手で押さえて厚さ3～5mmの円形に整え作る。

5 160～170℃のオーブンで20分焼く。

6 焼き上がったら、天板にのせたまま冷ます。

【材料（直径7～8cm大 約12枚分）】

A
- オートミール……60g
- 米粉……60g
- ココアパウダー（無糖）……10g
- ベーキングパウダー……小さじ1

B
- 米油……大さじ2強
- メープルシロップ……大さじ2
- 水……大さじ1
- 塩……小さじ1/8

【下準備】
・天板にオーブンシートを敷いておく。
・オーブンは160~170℃に予熱しておく。

卵・バター・砂糖 不使用

| 小麦粉不使用 | 砂糖不使用 | 卵不使用 | 乳製品不使用 |

ココアオートミールクッキー

食物繊維が豊富なオートミールと米粉のクッキーを、
ほろ苦さがクセになるココア風味に仕上げました。

【作り方】

1 ボウルにAを入れてざっと混ぜ合わせる。

2 別のボウルにBを入れ、ゴムベラなどで軽く混ぜ合わせる。

3 2に1を加えて混ぜ合わせ、ひとまとめにする。

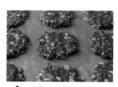

4 スプーンなどで12等分して天板に並べ、手で押さえて厚さ3～5mmの円形に整える。160～170℃のオーブンで20分焼き、そのまま冷ます。

【材料（直径5cm大 約12枚分）】

A
- オートミール……60g
- 米粉……60g
- すりごま（黒）……15g
- ベーキングパウダー……小さじ1

B
- 米油……大さじ2強
- メープルシロップ……大さじ2
- 水……大さじ1
- 塩……小さじ1/8

【下準備】
・天板にオーブンシートを敷いておく。
・オーブンは160~170℃に予熱しておく。

小麦粉不使用　砂糖不使用　卵不使用　乳製品不使用

食物繊維も摂れる
黒ごま オートミールクッキー

砂糖や小麦粉、乳製品不使用で、食物繊維やビタミンE、カルシウム、鉄分といった体にうれしい栄養素がたっぷり入ったヘルシーなクッキー。ダイエット中のおやつにも、罪悪感なく食べられます。

【作り方】

1 ボウルにAを入れてざっと混ぜ合わせる。

2 別のボウルにBを入れ、ゴムベラなどで軽く混ぜ合わせる。

3 2に1を加えて混ぜ合わせ、ひとまとめにする。

4 12等分して天板に並べ、手で押さえて厚さ3～5mmの円形に整える。160～170℃のオーブンで20分焼き、そのまま冷ます。

【材料（直径4〜5cm大 約16枚分）】

A ┌ オートミール……60g
　├ 米粉……60g
　└ ベーキングパウダー……小さじ1

B ┌ メープルシロップ……大さじ2
　├ 米油……大さじ2強
　├ 豆乳（無調整）……大さじ1
　└ 塩……小さじ1/8

アーモンドスライス……20g
ココナッツファイン……20g
くるみ……10g

【下準備】

・くるみは細かく刻んでおく。
・天板にオーブンシートを敷いておく。
・オーブンは160〜170℃に予熱しておく。

Point!

・生地がまとまりにくい場合は、少し水を加えてください。
・サクッと感が足りない場合は、150〜160℃で5〜10分、焼き時間を追加してください。

ざくざく食感！
ナッツたっぷり オートミールクッキー

（小麦粉不使用）（砂糖不使用）（卵不使用）（乳製品不使用）

オートミールにナッツ類を合わせた、サクサクした歯ざわりが楽しいクッキーです。
今回はアーモンドスライスとくるみを使っていますが、
ナッツはお好みのものを使ってアレンジしてみてください。

【作り方】

1 ボウルにAを入れてざっと混ぜ合わせる。

2 別のボウルにBを入れ、泡立て器でよく混ぜ合わせる。

3 2に1を加えて混ぜ、アーモンドスライス、ココナッツファイン、くるみを加えてさっくりと混ぜ合わせる。

4 16等分して天板に並べ、手で押さえて厚さ7〜8mmの円形に整える。160〜170℃のオーブンで25分焼き、そのまま冷ます。

Part 4
小麦粉不使用で作る
マフィン＆スコーン

米粉やおからなどを使って、ヘルシーなマフィンやスコーンを作ってみませんか？　小麦粉を使っていないとは思えないほどサクサクふわふわ、本格的なおいしさが味わえるとっておきのレシピをご紹介します。おやつはもちろん、毎朝の主食としてもぜひお楽しみください。

材料 5つで サクふわ♪

米粉の 甘酒 スコーン

小麦粉
不使用

砂糖
不使用

卵
不使用

米粉と甘酒の素朴な味を生かしたシンプルなスコーンです。
バター風味のサックリ、ほろりとした食感をお楽しみください。
お好みで、ジャムやはちみつなどを添えてどうぞ。

【材料（6個分）】

A ┌ 米粉……100g
  │ ベーキングパウダー……小さじ1
  └ 塩……小さじ1/8
バター……30g
甘酒（砂糖不使用）……60〜70㎖

【下準備】

・バターは7〜8mm角に切り、冷蔵庫で冷やしておく。
・甘酒は冷やしておく。
・天板にオーブンシートを敷いておく。
・オーブンは180℃に予熱しておく。

Amazake scone

【作り方】

1 ボウルにAとバターを入れ、手でバターをひねりつぶすようにしながら、粉となじませる。

2 バターと粉がなじんだら、甘酒を加えてゴムベラで混ぜ合わせる。

3 8割くらいまとまってきたら、手で厚さ2cmの円形にまとめる。

4 オーブンシートにのせて、ナイフで放射状に6等分し、火の通りがよくなるように、それぞれの間に少しすき間を空ける。

5 180℃のオーブンで20〜25分焼き、ケーキクーラーなどにのせて冷ます。

見た目もかわいい♡

おからのいちごスコーン

小麦粉
不使用

砂糖
不使用

乳製品
不使用

米粉とおからで作ったヘルシーな生地に、焼き込んだいちごがキュート。
はじめにいちごをメープルシロップにからませておくことで、
甘みがぎゅっと凝縮され、おいしく焼き上がります。

【材料（6個分）】

生おから……100g
米粉……100g
ベーキングパウダー……小さじ1
いちご……100g
卵……1個
メープルシロップ……大さじ2
米油……大さじ1

【下準備】

・天板にオーブンシートを敷いておく。
・オーブンは180℃に予熱しておく。

Point!

・水分が少ない生地なので混ぜはじめ
はパラパラしますが、手でぎゅっと押しつ
けるようにするとひとつにまとまります。
・卵の大きさやおからの水分量によって
生地の状態が変わるため、どうしてもま
とまらない場合は、水を少しだけ加えま
しょう。
・おからパウダーを使用する場合は、パッ
ケージを参考に水で戻してください。

【作り方】

1 いちごはサッと洗って水気をと
り、ヘタをとってナイフで2〜4
等分する。器に入れ、メープル
シロップをかけて全体になじま
せ10〜15分置く。

2 ボウルに卵を割り入れ、泡立
て器で溶きほぐす。油と**1**のな
じませたメープルシロップの
みを加えて混ぜ、おからも加
えてさらに混ぜ合わせる。

3 米粉、ベーキングパウダーを加
えて混ぜ、そぼろ状になったら
1のいちごを加えてゴムベラで
混ぜ合わせる。

4 生地の上から手でやさしく
圧をかけてひとつにまとめ、
ラップの上に置いて包み、手
で押しながら厚さ約2.5〜
3cmに丸く形作る。

5 天板に置き、ナイフで6等分
する。火の通りがよくなるよう
に、それぞれの間に少しすき
間を空ける。

6 180℃のオーブンで25〜30
分焼き、ケーキクーラーなど
にのせて冷ます。

にんじんとレーズンのやさしい甘さ

キャロットスコーン

小麦粉不使用　砂糖不使用

すりおろしたにんじんを混ぜ込み、キャロットケーキ風に仕上げました。
米粉の素朴な味わいに、にんじんとレーズンのやさしい甘みがおいしい、
ヘルシーなスコーンです。

【材料（9個分）】

生おから……100g
米粉……100g
ベーキングパウダー……小さじ1

A
├ 卵……1個
├ メープルシロップ……大さじ2
├ 米油……大さじ1
└ 塩……小さじ1/6

にんじん……120g
くるみ……20g
レーズン……20g
シナモン……7振り
クリームチーズ……適宜
はちみつ……適宜

C A R R O T

【下準備】

・レーズンは熱湯に30秒浸けてザルに上げ、
　ペーパータオルで水気を取っておく。
・天板にオーブンシートを敷いておく。
・オーブンは180℃に予熱しておく。

Point!

・水分が少ない生地なので混ぜはじめは
パラパラしますが、手でぎゅっと押しつける
ようにするとひとつにまとまります。
・卵の大きさやおからの水分量によって生
地の状態が変わるため、どうしてもまとま
らない場合は、水を少しだけ加えましょう。

【作り方】

1 にんじんは皮ごとすりおろす。

2 ボウルにAを入れて泡立て器で混ぜ、おからを加えて混ぜ合わせる。

3 2に1を加え、シナモンを振り入れて、ゴムベラで混ぜ合わせる。

4 米粉、ベーキングパウダーを加えて混ぜ、くるみとレーズンも加えて混ぜ合わせる。

5 ラップで包んで、厚さ約2.5cmの正方形に形作る。天板に置いてナイフで9等分し、火の通りがよくなるように、それぞれの間に少しすき間を空ける。

6 180℃のオーブンで25〜30分焼き、ケーキクーラーなどの上にのせて冷ます。お好みで、クリームチーズとはちみつを混ぜ合わせ、トッピングする。

小麦粉
不使用

砂糖
不使用

甘じょっぱさがクセになる
チーズとレーズンのスコーン

米粉とおからで作った生地に、ベビーチーズとレーズンを焼き込んだ、
甘じょっぱさがクセになる味わいのスコーンです。レーズンをラムレーズンに変えれば、
より風味豊かな大人のおやつとしても楽しめます。

【材料（9個分）】

生おから……100g
米粉……100g
ベーキングパウダー……小さじ1

A
┌ 卵……1個
│ メープルシロップ……大さじ2
│ 米油……大さじ1
└ 塩……小さじ1/6

ベビーチーズ……3個（約45g）
レーズン……30g

【下準備】
・レーズンは熱湯に30秒浸けてザルに上げ、
　ペーパータオルで水気を取っておく。
・天板にオーブンシートを敷いておく。
・オーブンは180℃に予熱しておく。

Point!

・水分が少ない生地なので混ぜはじめはパラパラしますが、手でぎゅっと押しつけるようにするとひとつにまとまります。
・卵の大きさやおからの水分量によって生地の状態が変わるため、どうしてもまとまらない場合は、水を少しだけ加えましょう。

【作り方】

1 ボウルにAを入れて泡立て器で混ぜ合わせる。

2 おからを入れて混ぜ合わせ、ベビーチーズを手でちぎり、レーズンとともに加えてゴムベラで混ぜる。

3 米粉、ベーキングパウダーを加えて混ぜ合わせる。

4 押さえるようにしてひとつにまとめてラップで包み、厚さ約2.5cmの正方形に形作る。

5 天板に置き、ナイフで9等分する。火の通りがよくなるように、それぞれの間に少しすき間を空ける。

6 180℃のオーブンで25〜30分焼き、ケーキクーラーなどにのせて冷ます。

小麦粉
不使用　　砂糖
不使用　　乳製品
不使用

バナナの甘さ際立つ

米粉とおからのバナナスコーン

バナナだけの甘さが引き立つシンプルなスコーン。
仕上げにくるみをトッピングすることで、香ばしいアクセントが加わります。
甘さが物足りない場合は、はちみつなどを添えてお召し上がりください。

【材料（6個分）】

生おから……100g

米粉……100g

ベーキングパウダー……小さじ1

バナナ……小2本(可食部約100g)

A ┌ 卵……1個
 │ 米油……大さじ3/4
 └ 塩……小さじ1/6

くるみ……15g

【下準備】

・天板にオーブンシートを敷いておく。

・オーブンは180℃に予熱しておく。

Point!

バナナはよく熟して皮に黒い斑点があるものをお使いください。甘みが増し、風味もよくなります。

【作り方】

1 ボウルにバナナを入れ、フォークかマッシャーでつぶす。

2 Aを加えて泡立て器で混ぜ合わせる。

3 おからを加えて混ぜ合わせる。

4 米粉、ベーキングパウダーを加え、ゴムベラで混ぜ合わせる。

5 ラップに包んでひとつにまとめ、厚さ2.5～3cmに伸ばして天板にのせる。ナイフで6等分してくるみをのせ、手で軽く押さえる。

6 180℃のオーブンで25分焼き、ケーキクーラーなどにのせて冷ます。

米粉と豆腐でふんわり

豆腐のマフィン

小麦粉
不使用

砂糖
不使用

乳製品
不使用

豆腐を混ぜ込んだ生地は、次の日も固くなりにくく、ふんわりとした食感が楽しめます。
米粉の味とメープルシロップのやさしい甘さを感じられる素朴なおいしさで、
毎日食べても飽きません。

【材料（マフィン型6個分）】

絹ごし豆腐……150g

米粉……100g

ベーキングパウダー……小さじ1

卵……1個

A ┌ メープルシロップ……大さじ2
　├ 米油……大さじ1
　└ 塩……小さじ1/6

【下準備】

・マフィン型にグラシンカップを入れる。

・オーブンは180℃に予熱しておく。

【作り方】

1 ボウルに絹ごし豆腐を入れ、泡立て器でなめらかになるまで混ぜる。

2 卵を加えて混ぜ、Aもさらに加えて混ぜ合わせる。

3 米粉、ベーキングパウダーを加えて混ぜ合わせる。

4 マフィン型にスプーンで生地を流し入れ、180℃のオーブンで20〜25分焼く。

5 焼き上がったら、ケーキクーラーなどにのせて冷ます。

甘さ控えめで朝食にもピッタリ

小麦粉
不使用

砂糖
不使用

乳製品
不使用

豆腐のチョコレート風マフィン

豆腐を混ぜ込んだ米粉の生地にメープルシロップとココアパウダーを加えることで、
チョコレート風味に焼き上げました。本物のチョコレートは使っていないので、
ダイエット中の朝食やおやつにも最適です。

【材料（マフィン型6個分）】

絹ごし豆腐……150g

A ┌ 米粉……90g
  │ ココアパウダー（無糖）……10g
  └ ベーキングパウダー……小さじ1

B ┌ 卵……1個
  │ メープルシロップ……大さじ2
  └ 米油……大さじ1

【下準備】
・マフィン型にグラシンカップを入れる。
・オーブンは180℃に予熱しておく。

chocolate
muffin

【作り方】

1 ボウルにAを入れて混ぜ合わせる。

2 別のボウルに豆腐を入れて、泡立て器でなめらかになるまで混ぜ、Bを加えてさらに混ぜ合わせる。

3 2に1を加えて、混ぜ合わせる。

4 マフィン型にスプーンで生地を流し入れ、180℃のオーブンで25分焼く。

5 焼き上がったらケーキクーラーなどにのせて冷ます。

発酵あんこを入れた和風な味わい

豆腐の抹茶マフィン

小麦粉不使用　砂糖不使用　乳製品不使用

豆腐と米粉を使った抹茶の生地に
砂糖不使用の発酵あんこを入れた、少し珍しい和風のマフィン。
金時豆の甘煮や黒豆をトッピングするのもおすすめです。

【材料（マフィン型6個）】

絹ごし豆腐……150g

A ┌ 米粉……100g
  │ 抹茶パウダー……大さじ1と1/2
  └ ベーキングパウダー……小さじ1

B ┌ 卵……1個
  │ メープルシロップ……大さじ2
  └ 米油……大さじ1

発酵あんこ（P.112参照）……120g

炒りごま（黒）……適宜

【下準備】

・マフィン型にグラシンカップを入れる。

・オーブンは180℃に予熱しておく。

【作り方】

1 ボウルにAを入れて混ぜ合わせる。

2 マフィン型に、スプーンで発酵あんこを小さじ2ずつほど入れる。

3 1とは別のボウルに豆腐を入れ、泡立て器でなめらかになるまで混ぜる。

4 Bを加えてさらに混ぜ合わせる。

5 1を加えて混ぜ合わせる。

6 マフィン型にスプーンで生地を流し入れ、お好みで炒りごまをトッピングする。180℃で20〜25分焼き、ケーキクーラーなどにのせて冷ます。

【材料（直径5cm大 約9個分）】

絹ごし豆腐……150g
米粉……100g
ベーキングパウダー……小さじ1
A┌メープルシロップ……大さじ1
　└塩……小さじ1/8
レーズン……30g

【下準備】
・レーズンはボウルに入れて熱湯をかけ、1分おいてザルにあげ、ペーパーで水気をふきとり柔らかくしておく。
・天板にオーブンシートを敷いておく。
・オーブンは180℃に予熱しておく。

Point!

次の日は、召し上がる直前にオーブントースターで温めるとおいしくいただけます。

ふわっともちっと 新食感
米粉と豆腐のスコーン

小麦粉
不使用

砂糖
不使用

卵
不使用

乳製品
不使用

ふわふわなのにもちっとした不思議な食感がクセになるおいしさ。
型を使わず材料を混ぜてオーブンで焼くだけなので、
手軽に作れるのもうれしいポイント。朝ごはんにもおすすめです。

【作り方】

1 ボウルに豆腐を入れて泡立て器でつぶすようにしながら、クリーム状になるまでよく混ぜ、Aを加えてさらに混ぜ合わせる。

2 米粉、ベーキングパウダーを加えて混ぜ、1とレーズンを加えてさらに混ぜ合わせる。

3 天板にスプーンで生地を9等分して並べ、180℃のオーブンで約20分焼く。

4 焼き上がったら、ケーキクーラーなどにのせて冷まし、乾燥を防ぐために密閉容器などに入れて保存する。

【材料（直径約5cm大 約9個分）】

絹ごし豆腐……150g
米粉……100g
ベーキングパウダー……小さじ1
コーン（水煮）……50g
A┌メープルシロップ……大さじ1/4
 └塩……小さじ1/6
ピザ用チーズ……40g

【下準備】
・コーンは水気を切っておく。
・天板にオーブンシートを敷いておく。
・オーブンは180℃に予熱しておく。

小麦粉
不使用

砂糖
不使用

卵
不使用

コーンのプチプチ食感がおいしい
コーンとチーズの米粉豆腐スコーン

香ばしいチーズと、ほんのり甘いコーンが相性抜群！
惣菜パン感覚で食べられる、朝食にぴったりのスコーンです。
「米粉と豆腐のスコーン」と同様、ワンボウルで手軽に作ることができます。

【作り方】

1 ボウルに豆腐を入れて泡立て器でつぶすようにしながら、クリーム状になるまでよく混ぜ、Aを加えてさらに混ぜ合わせる。

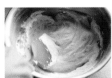

2 米粉、ベーキングパウダーを加えて混ぜ、コーンも加えてさらに混ぜ合わせる。

3 天板にスプーンで生地を9等分して並べ、ピザ用チーズをのせる。180℃のオーブンで20〜25分焼く。

4 焼き上がったら、ケーキクーラーなどにのせて冷まし、乾燥を防ぐために密閉容器などに入れて保存する。

自然な甘さが引き立つ

米粉のバナナマフィン

小麦粉
不使用

砂糖
不使用

乳製品
不使用

ひとつのボウルに順番に材料を入れて混ぜるだけなので、
お菓子作りビギナーさんにもおすすめ。バナナのやさしい甘みに、
くるみの香ばしさがマッチ。食べ応えも満点のひと品です。

【材料（マフィン型6個分）】

米粉……100g
ベーキングパウダー……小さじ1
バナナ……2本(可食部約150g)
A ┌ 卵……1個
　│ 米油……大さじ1
　└ 塩……小さじ1/8
くるみ……20g

【下準備】
・マフィン型にグラシンカップを入れる。
・オーブンは180℃に予熱しておく。

Point!

・生地が固い場合は、牛乳、豆乳（無調整）、水などの水分を足してください。
・バナナはよく熟して皮に黒い斑点があるものをお使いください。

【作り方】

1 バナナは皮をむいてボウルに入れ、フォークかマッシャーで押しつぶす。

2 Aを加えて混ぜ合わせる。

3 米粉、ベーキングパウダーを加えて混ぜ合わせる。

4 マフィン型にスプーンで生地を入れ、くるみをトッピングする。

5 180℃のオーブンで約25分、こんがりした焼き色がつくまで焼く。

6 熱いうちに型から出して、ケーキクーラーなどにのせて冷ます。

小麦粉
不使用

砂糖
不使用

乳製品
不使用

栄養満点♪
丸ごとかぼちゃのマフィン

かぼちゃの味わいをしっかり感じられるヘルシーなマフィン。
かぼちゃは、皮やワタも丸ごと使っているので、食物繊維やカリウム、
ビタミン C、E など体にうれしい栄養素をしっかり摂ることができます。

82

【材料（マフィン型6個分）】

米粉……100g
ベーキングパウダー……小さじ1
かぼちゃ……150g(種とヘタは除いた可食部)
A ┌ 卵……1個
　│ メープルシロップ……大さじ2
　│ 米油……大さじ1
　└ 塩……小さじ1/8
かぼちゃ（トッピング用）……適量

【下準備】
・かぼちゃは蒸すか電子レンジで加熱し、火を通しておく。
・マフィン型にグラシンカップを入れる。
・オーブンは180℃に予熱しておく。

Point!

・生地が固い場合は、牛乳、豆乳（無調整）、水などの水分を足してください。
・かぼちゃの皮の茶色いところや固くなったところは、とり除いてください。

【作り方】

1 ボウルにかぼちゃを入れて、フォークかマッシャーで押しつぶす。トッピング用のかぼちゃは、小さめに切っておく。

2 Aを加えて混ぜ合わせる。

3 米粉、ベーキングパウダーを加えて混ぜ合わせる。

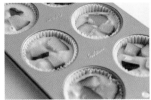

4 マフィン型にスプーンで生地を入れ、トッピング用のかぼちゃをのせる。

5 180℃のオーブンで約25分、こんがりした焼き色がつくまで焼く。

6 熱いうちに型から出して、ケーキクーラーなどにのせて冷ます。

小麦粉
不使用

砂糖
不使用

とろんとジューシー
いちじくとクリームチーズのマフィン

トロンとジューシーないちじくと、クリームチーズのコクが楽しめる、
見た目もおしゃれなマフィンです。一見難しそうに見えますが、作り方はとっても簡単。
お菓子作り初心者さんもぜひお試しください。

【材料（マフィン型6個分）】

米粉……100g
ベーキングパウダー……小さじ1
いちじく（生地用）……3 〜 4個(150g)
A
　卵……1個
　メープルシロップ……大さじ2
　米油……大さじ1
　塩……小さじ1/8
クリームチーズ……3個(1個18g)
いちじく（トッピング用）……2 〜 3個

【下準備】
・マフィン型にグラシンカップを入れる。
・オーブンは180℃に予熱しておく。

Point!

生地が固い場合は、牛乳、
豆乳（無調整）、水などの水
分を足してください。

【作り方】

1 いちじくは、生地用を1cm角に、トッピング用を6 〜 8等分に切る。

2 ボウルにAを加えて混ぜ合わせる。

3 米粉、ベーキングパウダーを加えて混ぜ合わせる。

4 生地用のいちじくを入れて混ぜ合わせる。

5 マフィン型にスプーンで生地を入れ、クリームチーズを手で割り、トッピング用のいちじくとともにトッピングする。

6 180℃のオーブンで約25分、こんがりした焼き色がつくまで焼き、熱いうちに型から出してケーキクーラーなどにのせて冷ます。

【材料（直径5cm 抜き型約5枚分）】

生おから……100g
米粉……100g
ベーキングパウダー……小さじ1
卵……1個
A ┌ メープルシロップ……大さじ2
　├ 米油……大さじ1
　└ 塩……小さじ1/6
クリームチーズ……適宜
ジャム……適宜

【下準備】
・オーブンは180℃に予熱しておく。

Point!

・混ぜはじめはパラパラしますが、手でぎゅっと押しつけるとひとつにまとまります。
・卵の大きさやおからの水分量によって生地の状態が変わるため、どうしてもまとまりにくければ、水を少しだけ加えてください。

外はカリッと、中はしっとり

小麦粉不使用　砂糖不使用

おからのホットビスケット

朝食やブランチに食べたい、米粉とおからで作ったヘルシーなホットビスケット。
外はカリッとして、中はしっとり。メープルシロップのやさしい甘さが、
生地の素朴な味わいを引き立てます。

【作り方】

1 ボウルに卵を割り入れて溶きほぐし、Aを加えて混ぜ合わせる。おからを加え、さらに混ぜる。

2 米粉、ベーキングパウダーを加え、ゴムベラで混ぜ合わせる。

3 ラップに包んでひとつにまとめ、手かめん棒で厚さ約2cmに伸ばす。型で抜き、天板に並べる。

4 180℃のオーブンで20分焼き、ケーキクーラーなどにのせて冷ます。お好みで、クリームチーズやジャムを添えていただく。

Part 5
特別な日に作りたい贅沢ケーキ&パンケーキ

自分へのご褒美や大切な人に贈りたい、ちょっぴり贅沢なケーキの作り方をご紹介します。もちろんどれも小麦粉や砂糖不使用で、果物の甘さやナッツの風味など、素材のおいしさを感じられるものばかり。体にやさしいケーキで、体と心を労わりましょう。

香ばしい香り漂う

米粉とおからのパンケーキ

おからパウダーを使ったパンケーキは、米粉だけのものと比べて、
低糖質で食物繊維もたっぷり。本みりんが入ることで、
やさしい甘さが感じられ、香ばしい香りがただよいます。

【材料（直径10cm大 5枚分）】

A ┌ 米粉……50g
  │ おからパウダー……15g
  └ ベーキングパウダー……小さじ1/2
卵……1個
本みりん……40ml
水……60ml
クリームチーズ……適宜
米油……適量
はちみつ（またはメープルシロップでも可）……適宜

Point!

・本みりんのアルコール分が気になる方は、あらかじめ煮きってお使いください。

【作り方】

1 ボウルにAを入れて混ぜ合わせる。

2 別のボウルに卵、本みりん、水を加えて泡立て器で混ぜる。

3 2に1を加えて混ぜ合わせる。

4 フライパンに米油をひいて強めの弱火にし、3の生地を丸く流し入れる。

5 1分〜1分30秒焼き、表面にふつふつと気泡が出てきたら、フライ返しで裏返す。

6 さらに1分焼いたら皿にのせ、お好みでクリームチーズとはちみつをかける。

【材料(直径10cm大 3枚分)】

りんご……小1個(150g)

A ┌ 牛乳(または豆乳[無調整]・
  │   オーツミルクでも可)……80㎖
  │ 卵……1個
  └ メープルシロップ……大さじ1

B ┌ 米粉……100g
  └ ベーキングパウダー……小さじ1

米油……適量

メープルシロップ……適宜

Point!

・生地が固い場合は、牛乳、豆乳、水などを足して調節しましょう。
・フライパンに生地を流した際、真ん中だけ厚くならないように注意しましょう。

りんご果肉たっぷり

りんごパンケーキ

小麦粉
不使用

砂糖
不使用

加熱したりんごの歯ざわりと甘酸っぱさがおいしい、
米粉を使ったヘルシーなパンケーキ。
普段のパンケーキにマンネリを感じたときのアレンジにおすすめです。

【作り方】

1 りんごは皮と芯をとり除き、5〜6mm角に切る。

2 ボウルにA、B、1の順に加え、その都度しっかり混ぜ合わせる。

3 フライパンに米油をひいて弱火にし、生地を流し入れる。フタをして、2〜2分30秒焼いて裏返す。

4 再びフタをして、1分30秒〜2分焼いたら皿にとり、お好みでメープルシロップをかける。

【材料（直径18cm大 1枚分）】

絹ごし豆腐……150g
米粉……100g
ベーキングパウダー……小さじ1
A ┌ 卵……1個
  │ メープルシロップ……大さじ2
  │ 米油……大さじ1
  └ 塩……小さじ1/6
レーズン……20g
米油……適量

【下準備】
・レーズンは熱湯に30秒浸けて
 ザルに上げ、ペーパータオルで
 水気をとっておく。

Point!

・レーズンはお好みで。ラムレーズンを
加えてもおいしく仕上がります。
・甘みが足りない場合は、仕上げにメー
プルシロップやジャムをかけてください。

米粉と豆腐で作る
ふんわりパンケーキ

小麦粉
不使用

砂糖
不使用

乳製品
不使用

甘さ控えめな生地にレーズンがマッチした、米粉と豆腐のヘルシーなパンケーキ。
豆腐が入ることで焼き立てはふんわり、次の日はしっとりした生地の食感を楽しめます。
お好みでメープルシロップやジャムをかけて召し上がれ。

【作り方】

1 ボウルに豆腐を入れ
て泡立て器でなめら
かになるまで混ぜ、
Aを加えて混ぜ合わ
せる。

2 米粉、ベーキングパウ
ダーを加えて混ぜ合
わせ、レーズンを入れ
て軽く混ぜる。

3 フライパンに米油を
ひき、生地を流し入
れてフタをし、弱火で
7〜8分焼く。

4 フライ返しで裏返し、
フタをせずに弱火で2
〜3分焼き、皿にのせ
る。

Point!

ヨーグルトは、仕上がりが
水っぽくならないよう、必ず
水切りをしてください。

【材料（丸型1台分）】

クリームチーズ……200g
ヨーグルト……200g(水切り前)
卵……1個
メープルシロップ……60g
米粉……大さじ2
冷凍ブルーベリー……100g

【下準備】

・ヨーグルトは、ザルにペーパータオルを敷
いた中に入れ、冷蔵庫でひと晩置いて水
を切る。すでに水切りしてあるヨーグルト
を使う場合は、100〜120gが目安です。
・クリームチーズ、卵は常温に戻しておく。
・オーブンペーパーを一度クシャクシャにし
て広げ、型に敷いておく。
・オーブンは170℃に予熱しておく。

小麦粉不使用　砂糖不使用　ベーキングパウダー不使用

水切りヨーグルトでヘルシー

ブルーベリーチーズケーキ

生クリームの代わりに水切りヨーグルトを使い、さっぱりヘルシーな仕上がりに。
材料が少なめなので手軽に作ることができます。
冷凍のブルーベリーの果実感あふれるおいしさをお楽しみください。

作り方

1 ボウルにクリームチー
ズを入れて泡立て器
で練り混ぜ、卵、メー
プルシロップを加え
て、なめらかになるま
で混ぜ合わせる。

2 米粉、水切りヨーグル
ト、凍ったままのブ
ルーベリーを順に加
え、その都度ゴムベラ
などで混ぜ合わせ
る。

3 生地を型に流し入れ
る。台に型をトントン
落とすようにして生地
の中の気泡を抜き、
170℃のオーブンで
45〜50分焼く。

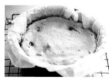

4 焼き上がったら型のま
まケーキクーラーなど
にのせて粗熱をとり、
ポリ袋に入れて半日ほ
ど冷蔵庫で冷やす。

【材料（丸型1台分）】

クリームチーズ……200g
バナナ……2本（可食部約150g）
A┌卵……1個
 └メープルシロップ……大さじ2
米粉……小さじ2

【下準備】
・クリームチーズは常温に戻しておく。
・オーブンペーパーを一度クシャクシャにして広げ、型に敷いておく。
・オーブンは180℃に予熱しておく。

材料5つで簡単♪
バナナチーズケーキ

小麦粉
不使用

砂糖
不使用

ベーキング
パウダー
不使用

シンプルな材料で作れて、作り方も簡単！
混ぜて焼くだけなので、バナナとクリームチーズで食べ応えも満点。
冷蔵庫でひと晩置くと、生地がしまってよりおいしくいただけます。

作り方

1 ボウルにバナナを入れ、フォークかマッシャーなどでつぶしてペースト状にする。

2 別のボウルにクリームチーズを入れ、柔らかくなるまで練り混ぜ、Aを加えて混ぜ、1と米粉も加えてさらに混ぜる。

3 型に流し入れ、台に型をトントン落とすようにして生地の中の気泡を抜く。

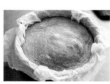

4 オーブンに入れて180℃で45〜50分焼く。竹串を刺して生地がつかなければOK。粗熱がとれたら冷蔵庫で冷やす。

混ぜて焼くだけ

黒ごまきな粉のシフォンスポンジケーキ

小麦粉
不使用

砂糖
不使用

ベーキング
パウダー
不使用

乳製品
不使用

ふわふわのメレンゲで作った、ふんわり、しっとりとした食感が楽しめるシフォンスポンジ。
甘さは控えめですが、黒ごまときな粉の風味がしっかり感じられるので、
満足度の高いひと品です。

【材料（パウンド型1台分）】

A ┌ 米粉……55g
  │ きな粉……15g
  └ すりごま（黒）……5g
卵……2個
メープルシロップ……大さじ2
豆乳（無調整・または牛乳でも可）……40㎖
塩……小さじ1/8

【下準備】

・卵は常温に戻し、卵黄と卵白に分けておく。
・パウンド型の底と側面に
　オーブンペーパーを敷いておく。
・オーブンは180℃に予熱しておく。

Point!

工程3で生地が固い場合は、豆乳や牛乳を足して調節してください。

【作り方】

1 ボウルにAを入れて混ぜ合わせる。

2 別のボウルに卵黄、メープルシロップ、豆乳を入れて混ぜ合わせる。

3 2に1を加えて混ぜ合わせる。

4 別のボウルに卵白と塩を入れ、ハンドミキサーで角が立つくらいまで泡立てる。

5 メレンゲの1/3を3に加え、泡立て器でやさしく混ぜ合わせる。ゴムベラに持ち替え、残りの2/3を加えて底からすくうようにやさしく混ぜ合わせ、型に流し入れる。

6 180℃のオーブンで約20分焼いたら温度を下げ、160〜170℃で10分焼く。焼き上がったら、型のまま5cmほどの高さから落とし、型に入れたまま冷ます。

小麦粉
不使用

砂糖
不使用

ベーキング
パウダー
不使用

ふんわり口溶け♪
スフレチーズケーキ

天板に湯を張って湯煎焼きにすることで、口の中でふわっと溶ける、
ふんわりしっとりとした生地に仕上げました。シンプルな材料ながら極上の味わい。
お家で食べられるプロの味をぜひお試しください。

【材料（丸型1台分）】

米粉……60g
クリームチーズ……200g
卵……2個
メープルシロップ……60g
塩……小さじ1/8

【下準備】
・卵は卵白と卵黄に分けておく。
・丸型にオーブンシートを敷いておく。
・オーブンは天板に湯を1cmほど入れ、
　180℃に予熱しておく。

souffle

Point!

焼き上がりは竹串を刺して、生地がつかなければOKです。

【作り方】

1 ボウルにクリームチーズを入れ、泡立て器で柔らかく練り混ぜる。

2 卵黄、メープルシロップを加えて混ぜ、米粉も加えて混ぜ合わせる。

3 別のボウルに卵白と塩を入れて、ハンドミキサーで角が立つくらいまで泡立てる。

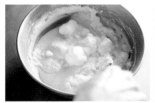

4 3の1/3を2に加えて泡立て器で混ぜ合わせ、残りをすべて加えてゴムベラで泡を消さないように混ぜ合わせる。

5 型に4を流し入れ、ゆするようにして表面をなだらかにし、180℃のオーブンで35〜40分、湯煎焼きにする。

6 型のまま5cmほどの高さから落とし、人肌ほどの温度まで冷ます。型から出し、ケーキクーラーなどにのせてさらに冷ます。

小麦粉
不使用

砂糖
不使用

ベーキング
パウダー
不使用

ふんわりやさしい口当たり
クリームシフォンマフィン

ふんわりと焼き上げたシフォンマフィンに、
やさしい甘さの生クリームをたっぷりと入れたリッチな味わい。
生クリームやフルーツをトッピングすると、より華やかに仕上がります。

【材料（マフィン型6個分）】

米粉……70g
卵 ……2個
A ┌ メープルシロップ……大さじ2
  └ 豆乳（無調整・または牛乳でも可）……大さじ2
米油……大さじ1
塩 ……小さじ1/8
生クリーム……100mℓ
はちみつ……小さじ1

【下準備】
・卵は卵黄と卵白に分けておく。
・マフィン型にオーブンシートを敷いておく。
・オーブンは180℃に予熱しておく。
・絞り袋に口金（丸型）をセットしておく。

【作り方】

1 ボウルに卵黄、Aを加えて泡
立て器で混ぜ合わせ、米油を
少しずつ加えて混ぜ合わせる。
混ざったら米粉を加え、さらに
混ぜ合わせる。

2 別のボウルに卵白と塩を入
れ、ハンドミキサーでピンと角
が立つくらいまで泡立てる。

3 2の1/3を1のボウルに入れ、
泡立て器でやさしく混ぜ合
わせる。残りの2/3も加え、ゴ
ムベラで底からすくうようにし
て、泡を消さないように混ぜ
合わせる。

4 生地を型に流し入れ、180℃
のオーブンで20〜25分焼く。
焼き上がったら、5cmほどの
高さから落とし、型に入れたま
ま冷ます。

5 ボウルに生クリームとはちみつ
を入れ、ハンドミキサーで角が
立つくらいまで泡立てて絞り袋
に入れる。

6 箸などで4のマフィンの2/3く
らいまで穴をあけて5を絞り、
冷蔵庫で2時間ほど冷やす。

小麦粉
不使用

砂糖
不使用

ベーキング
パウダー
不使用

バナナのやさしい甘さ

バナナシフォンスポンジケーキ

バナナのやさしい甘さと風味が楽しめる、素材の味を活かしたケーキ。
飽きのこない味わいです。お好みでホイップクリームと
バナナを添えてお召し上がりください。

【材料（パウンド型 1 台分）】

米粉……60g
バナナ……小 1 本（可食部約50g）
卵……2個
豆乳（無調整・または牛乳でも可）……大さじ1
塩……小さじ1/8
生クリーム……適宜
バナナ（トッピング用）……適宜

【下準備】
・卵は、卵黄と卵白に分けておく。
・パウンド型の底と側面に
　オーブンシートを敷いておく。
・オーブンは180℃に予熱しておく。

Point!

・バナナはよく熟して皮に黒い斑点のあるものをお使いください。甘みが増し、風味がよくなります。
・工程 4 で生地が固い場合は、豆乳を足して様子を見ましょう。
・途中焦げそうなら、アルミホイルをかぶせてください。

【作り方】

1 ボウルにバナナを入れ、フォークかマッシャーでつぶしてペースト状にする。

2 1に卵黄、豆乳を加えて混ぜ合わせ、米粉を加えてさらによく混ぜる。

3 別のボウルに卵白と塩を入れ、ハンドミキサーで角が立つくらいまで泡立てる。

4 3の1/3を2に加え、泡立て器でやさしく混ぜ合わせる。ゴムベラに持ち替え、残りの2/3も加え、底からすくうように混ぜ合わせる。

5 型に4を流し入れ、180℃のオーブンで約20分焼いたら温度を下げ、160 〜 170℃で10分焼く。

6 焼き上がったら、型のまま5cmほどの高さから落とし、人肌くらいの温度まで冷ます。型から出して切り分け、お好みでホイップした生クリーム、トッピング用のバナナを添える。

記念日に贈りたい
いちごのショートケーキ

小麦粉
不使用

砂糖
不使用

ベーキング
パウダー
不使用

しっとりとした口当たりのシフォンスポンジをデコレーションケーキ用の丸型で焼きました。
ふわふわのホイップクリームといちごをトッピングすれば、
記念日にぴったりの豪華なショートケーキの完成です。

スポンジケーキ

5trawberry

【材料（丸型1台分）】

米粉……70g
卵……2個
メープルシロップ……大さじ2
豆乳（無調整・または牛乳でも可）……40㎖
塩……小さじ1/8

【下準備】
・卵は、卵黄と卵白に分けておく。
・丸型にオーブンシートを敷いておく。
・オーブンは180℃に予熱しておく。

Point!

・工程2で生地が固い場合は、豆乳を足して様子を見ましょう。
・途中焦げそうなら、アルミホイルをかぶせてください。

【作り方】

1 ボウルに卵黄、メープルシロップを加えて混ぜ合わせる。

2 1に豆乳を少しずつ加えて混ぜ合わせ、米粉を加えてさらによく混ぜる。

3 別のボウルに卵白と塩を入れ、ハンドミキサーで角が立つくらいまで泡立てる。

4 3の1/3を2に加え、泡立て器でやさしく混ぜ合わせる。ゴムベラに持ち替えて残りの2/3を加え、底からすくうように混ぜ合わせる。

5 型に4を流し入れ、180℃のオーブンで約25分焼く。

6 焼き上がったら、型のまま5cmほどの高さから落とし、ケーキクーラーに型ごと逆さまにしてのせ、人肌ほどの温度になるまで冷ます。

デコレーション方法は次のページをCHECK! ▶

デコレーション

【材料（スポンジケーキ丸型5号(15cm)1台分）】

生クリーム（乳脂肪分35%以上のもの）……200㎖
はちみつ（または砂糖でも可）……小さじ1
いちご……10 〜 12個

【下準備】
・生クリームは冷やしておく。
・いちごは洗って水気をとっておく。
　間に挟むいちごはヘタを取り、
　厚さ5mmにスライスしておく。

Point!

・はちみつ入りのクリームは水分が出やすいので、
長く置く場合は砂糖を使うのがおすすめです。
・生クリームが泡立ちにくい場合は、氷を入れたボ
ウルを重ねて、冷やしながら混ぜましょう。
・生クリームが余った場合は、側面に塗ったり、絞
り出したりしてデコレーションをしても。

【作り方】

1 P.103で作ったスポンジケーキ
を半分の厚さに切る。

2 ボウルに生クリームを入れ、ハ
ンドミキサーで泡立てる。少し
とろみが出てきたら、はちみつ
を加える。角がおじぎをするく
らいになればOK。

3 2をゴムベラなどでスポンジに
のせ、スライスしたいちごを先
端が外側になるように向けて
並べる。

4 いちごの上に生クリームをの
せ、覆うように広げる。

5 スポンジを重ね、さらに生ク
リームをふんわりとかけていち
ごを並べる。冷蔵庫で1 〜 2
時間冷やし、クリームを落ち
着かせる。

Point!

ヨーグルトは、仕上がりが
水っぽくならないよう、必ず
水切りをしてください。

【材料（丸型1台分）】

クリームチーズ……200g
ヨーグルト……200g（水切り前）
卵……1個
メープルシロップ……60g
抹茶パウダー……大さじ2
米粉……大さじ2

【下準備】

・ヨーグルトは、ザルにペーパータオル
　を敷いた中に入れ、冷蔵庫でひと晩置
　いて水を切る。すでに水切りしてある
　ヨーグルトを使う場合は、100 〜 120g
　が目安です。
・クリームチーズ、卵は常温に戻しておく。
・オーブンシートを一度クシャクシャに
　して広げ、型に敷いておく。
・オーブンは170℃に予熱しておく。

さっぱりほろ苦い大人の味

抹茶チーズケーキ

小麦粉
不使用

砂糖
不使用

ベーキング
パウダー
不使用

初心者さんにもおすすめの、身近な材料で簡単に作れる、
材料少なめの抹茶チーズケーキです。
甘酸っぱいコクのあるクリームチーズ生地に、ほろ苦い抹茶の風味がよく合います。

【作り方】

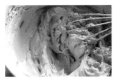

1 ボウルにクリームチーズを入れて練り混ぜ、水切りヨーグルトを加えて混ぜ、抹茶パウダーを粉ふるいで振り入れて混ぜる。

2 卵、メープルシロップを加えて混ぜ合わせ、米粉も加えてさらに混ぜ合わせる。

3 生地を型に流し入れ、台に型をトントン落とすようにして気泡を抜き、170℃のオーブンで40 〜 45分焼く。

4 焼き上がったら、型のままケーキクーラーなどの上にのせて粗熱をとり、ポリ袋などに入れて冷蔵庫で半日冷やす。

小麦粉
不使用

砂糖
不使用

ベーキング
パウダー
不使用

口の中でとろけるなめらか食感
生チョコ風ココアケーキ

クリスマスやバースデーケーキにおすすめのチョコレート風ケーキ。
チョコレートの代わりにココアクリームを使っているので、
砂糖が苦手な方でも安心して食べられます。

ココアスポンジケーキ

【材料（丸型1台分）】

A ┌ 米粉……60g
　└ 純ココア……10g
卵……2個
豆乳（無調整・または牛乳でも可）……40ml
メープルシロップ……大さじ2
塩……小さじ1/8

【下準備】

・オーブンは180℃に予熱しておく。
・卵は、卵黄と卵白に分けておく。
・ケーキ型にオーブンシートを敷いておく。

Point!

・工程3で生地が固い場合は、豆乳を足して様子を見ましょう。
・途中焦げそうなら、アルミホイルをかぶせてください。

【作り方】

1 ボウルにAを入れて混ぜ合わせる。

2 別のボウルに卵黄、メープルシロップを加えて泡立て器で混ぜ合わせ、豆乳を少しずつ加えてさらに混ぜ合わせる。

3 2に1を加えて混ぜ合わせる。

4 別のボウルに卵白と塩を入れて、ハンドミキサーで角が立つくらいまで泡立てる。

5 泡立てた卵白の1/3を3に加え、泡立て器でやさしく混ぜ合わせる。ゴムベラに持ち替えて残りの2/3を加え、底からすくうように、混ぜ合わせる。

6 型に流し入れ、180℃で約25分焼く。焼き上がったら、型のまま5cmほどの高さから落とし、ケーキクーラーに型ごと逆さまにしてのせ、人肌ほどの温度になるまで冷ます。

デコレーション方法はP.108をCHECK! ▶

デコレーション

【材料（スポンジケーキ丸型5号（15cm）1台分）】

生クリーム……200㎖
ココアパウダー（無糖）……大さじ1
はちみつ……大さじ1

【下準備】
・ココアスポンジケーキは3枚にスライスしておく。

Point!

生クリームは乳脂肪
40％以上のものを使用
してください。

【作り方】

1 ボウルに生クリームを1/4ほど入れ、ココアパウダーをふるい入れる。

2 はちみつを加えて泡立て器で混ぜ合わせ、残りの生クリームも加えて混ぜ合わせる。

3 ボウルを冷やしながら、ハンドミキサーで泡立てる。角が柔らかくおじぎをするくらいになればOK。

4 スライスしたスポンジの1枚目に、ゴムベラで**3**のクリームの1/4をのせて広げる。

5 2枚目、3枚目も同様に塗り、残りを側面に塗る。

6 ナイフなどで、表面に角を立てるようにして全体を整え、冷蔵庫で1〜2時間冷やす。仕上げにココアパウダー適量（分量外）を茶こしで振りかける。

Part 6
ほっとなごむ
癒しの和スイーツ

和菓子はヘルシーというイメージがありますが、市販のものは砂糖がたっぷり使われていることも……。手作りをすれば、甘味料の種類や量を調整できるので、安心して食べることができます。今回は和菓子の中でも特に人気の高いレシピを、ヘルシーにアレンジしました。

もちもち柔らか

豆腐とみりんのみたらし団子

小麦粉
不使用

砂糖
不使用

卵
不使用

ベーキング
パウダー
不使用

乳製品
不使用

白玉団子に、本みりんで作った甘じょっぱいたれをからめました。
白玉団子は豆腐を多めに使うことで、
冷やしてももちもちとした柔らかな食感になります。

【材料（直径2cm大 約20個分）】

絹ごし豆腐……100g
白玉粉……70g
本みりん……70㎖
しょうゆ……小さじ1と1/2
片栗粉……小さじ1/2
水……小さじ2

【下準備】

・器に水と片栗粉を入れて混ぜ合わせ、水溶き片栗粉を作る。

Point!

・常温で食べても冷蔵庫
で冷やしてもおいしく
いただけます。
・ラップに包んで冷凍保
存も OK。食べるときは
自然解凍しましょう。

【作り方】

1 小鍋に本みりんを入れて火に
かけ、煮立ったら弱火にして
2/3量になるまで煮詰める。

2 しょうゆ、水溶き片栗粉を加
え、ゴムベラで混ぜながら加
熱する。とろみがついたら火
から下ろし、粗熱をとる。

3 ボウルに豆腐と白玉粉を入れ
てゴムベラで混ぜ合わせ、耳
たぶほどの柔らかさの生地を
作る（固ければ、水か豆腐を加
える）。

4 **3**を2cm大に丸め、鍋に湯を
沸かしてゆでる。

5 団子が浮いてきたら網かス
プーンですくい、冷水にとっ
て水気を切る。

6 器に盛り、**2**のたれをかける。

乾燥麹で作る 発酵あんこ

小麦粉
不使用

砂糖
不使用

卵
不使用

ベーキング
パウダー
不使用

乳製品
不使用

材料は小豆と乾燥麹、ほんの少しの塩だけ。
砂糖を使わず作る、やさしい甘さのあんこです。発酵は炊飯器の
保温機能を使うので、ときどき混ぜるだけで作れるという手軽さも魅力です。

【材料（作りやすい分量）】

小豆……140g
乾燥麹……140g
水……700㎖
塩……小さじ1/6

【下準備】

・乾燥麹が板状の場合は、手でバラバラにほぐしておく。

adzuki beans

【作り方】

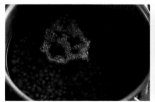

1 小豆はサッと洗い、水と共に鍋に入れて火にかける。煮立ったら弱火にし、フタをして50～60分煮る。

2 常に水から小豆が出ないよう、水が少なくなったら継ぎ足す。

3 指でつぶしてラクにつぶれるようになったらザルに上げ、小豆とゆで汁を分ける。

4 小豆が60～70℃になったら、乾燥麹と共に炊飯器に入れる。全体がしっとりするくらいまで*3*のゆで汁を加え、優しく混ぜる。

5 炊飯器のフタはせず、濡れた布巾で内釜を覆い、保温モードで8時間以上発酵させる。

6 2～3時間おきにしゃもじで全体を混ぜ、乾燥しているようならゆで汁かお湯を足す。布巾が乾燥していれば濡らす。8時間以上経ち、甘みが出たら、塩を加えて全体に混ぜ合わせる。

小麦粉、砂糖不使用で作る
米粉のどら焼き

P.112 で作った発酵あんこを挟んで作る、
砂糖不使用のヘルシーなどら焼きです。甘さ控えめなので、
生クリームや栗の甘露煮を一緒に挟んでもおいしくいただけます。

【材料（直径8 〜 9cm大 4個分）】

卵……1個

A ┌ 米油……大さじ1
　├ 水……大さじ1/2 〜 1
　└ 本みりん……大さじ3

米粉……100g

ベーキングパウダー……小さじ1/2

発酵あんこ（P.112参照）……適量

米油……適量

【下準備】

・本みりんは電子レンジで約1分加熱して
　アルコールを飛ばし、冷ましておく。

Point!

工程2で、生地が固い
場合は水を加えてくださ
い。

【作り方】

1 ボウルに卵を割り入れて泡立
て器で溶きほぐし、Aを加えて
混ぜ合わせる。

2 1に米粉、ベーキングパウダー
を加えて混ぜ合わせる。

3 フライパンを火にかけ、米油を
ひいてペーパータオルで拭くよ
うになじませる。2をお玉1/2ほ
どの量を真上から丸く流し入
れ、約1分焼いて表面に気泡が
出てきたら裏返す。

4 20 〜 30秒焼いたら皿にと
り、乾燥しないように、すぐに
ラップで覆う。

5 3、4を枚数分繰り返す。

6 2枚の生地に発酵あんこを
挟み、きつめにラップで覆っ
て形を整える。

【材料（2〜4人分）】

さつまいも……中1個（約200g）
本みりん……70㎖
しょうゆ……少々
炒りごま（黒）……適宜

【下準備】
・さつまいもは、蒸すか電子レンジで加
熱して柔らかくしておく。

油なし砂糖なしでヘルシー

| 小麦粉不使用 | 砂糖不使用 | 卵不使用 | ベーキングパウダー不使用 | 乳製品不使用 |

みりんで作る大学いも

大人も子どもも大好きな大学いもを、体にやさしい本みりんで作りました。
冷めてもおいしいのでお弁当にもぴったり。
ふかしたお芋があまり甘くなかった……というときにも、おすすめのひと品です。

【作り方】

1 さつまいもは、皮ごと2cm角に切る。

2 鍋に本みりんを入れて中火にかけ、煮立ったら弱火にし、半量くらいになるまで煮詰める。

3 火を止め、しょうゆを加えてゴムベラなどで混ぜる。

4 1を加えてやさしくからめ、皿に盛ってごまをふる。

【材料（カップケーキ型3個分）】

米粉……50g
ベーキングパウダー……小さじ1/2
A
- 豆乳（無調整・または牛乳でも可）
　……50㎖
- メープルシロップ……大さじ1
- 塩……小さじ1/10
炒りごま（黒）……適量

【下準備】
・蒸し器は、蒸気が上がった状態にしておく
　（鍋底に網などを置いて代用してもOK）。
・カップケーキ型に紙（またはホイルケース）
　を敷いておく。

Point!

・グラシンカップは、シリコン加工などをしてあるものがおすすめ。
・工程2で生地が固い場合は、豆乳を足してください。
・取り出すときは熱いので、やけどに注意してトングなどを使いましょう。

小麦粉 不使用　　砂糖 不使用　　卵 不使用　　乳製品 不使用

米粉の素朴な味わい
シンプル蒸しパン

米粉を使って作る、材料少なめのシンプルな蒸しパン。
メープルシロップのほのかな甘さと香りに、ほっと癒されます。
できたてほかほかを召し上がれ。

【作り方】

1 ボウルにAを入れて泡立て器で混ぜる。

2 米粉を加えてなめらかになるまで混ぜ合わせ、ベーキングパウダーを加えてさらに混ぜる。

3 型に2の生地を流し入れ、ごまをふる。

4 蒸し器で5〜6分蒸し、容器から取り出す。

【材料（4人分）】

わらびもち粉……80g
水……280㎖
きな粉……適量
メープルシロップ
　（または黒蜜でも可）……適量

Point!

・水の量は目安です。わらびもち粉のパッケージに書いてある水の量を参照してください。
・冷やすと固くなるので、冷蔵庫に入れないで常温で保存しましょう。

| 小麦粉 不使用 | 砂糖 不使用 | 卵 不使用 | ベーキング パウダー 不使用 | 乳製品 不使用 |

10分ですぐできる♪
わらびもち

わらびもち粉と水だけで作るシンプルなわらびもち。
お好みでメープルシロップや黒蜜をかけていただきます。
手作りだからこそ味わえる、とろりと柔らかい口溶けをお楽しみください。

【作り方】

1 鍋にわらびもち粉を入れ、水を少しずつ加えながら混ぜる。

2 鍋を火にかけ、木べらで混ぜながら弱火で加熱する。とろみが出てきてから、さらに2～3分ほど混ぜる。

3 全体に透明感が出てきたら火から下ろし、水に濡らしたバットに出して平らにする。

4 3のバットを冷水で冷やし、きな粉を敷いた別のバットに出して包丁で2cm角に切る。器に盛り、メープルシロップをかけていただく。

Part 7
ひんやりスイーツ

さっぱり食べられるゼリーやシャーベットから、しっかり
コクのある焼きプリンやアイスクリームまで、さまざまな
ひんやりスイーツの作り方をご紹介。暑い日はもちろん、
それ以外の日も食べたくなる極上レシピが盛りだくさん。
お子さまのおやつにもおすすめです。

小麦粉
不使用

砂糖
不使用

ベーキング
パウダー
不使用

純喫茶風♪
ちょっと固めの焼きプリン

昔懐かしい、少し固めの食感の焼きプリン。
砂糖の代わりに本みりんを使っているので、甘さひかえめでやさしい味わいです。
カラメルソースを作るとき、本みりんは焦げやすいので注意しましょう。

【材料（90mℓプリン型 3個分）】

＜カラメルソース＞
本みりん……大さじ2
水……大さじ1
＜カスタードプリン＞
卵……2個
牛乳……130mℓ
本みりん……80mℓ

【下準備】
・卵は溶いておく。
・オーブンは150 ～ 160℃に予熱しておく。

【作り方】

1 小鍋またはフライパンにカラメルソース用の本みりんを入れて火にかけ、周りがカラメル色に色づきはじめたら火から下ろす。

2 泡立ちが少しおさまったら水を加え、鍋を回しながら全体が均一な状態になるように混ぜ合わせてプリン型に流し入れる。

3 鍋にカスタードプリン用の本みりんを入れて火にかけ、半量ほどになるまで煮詰め、牛乳を加えて均一な状態になるまで混ぜる。

4 3に溶き卵を加えて混ぜ合わせ、ストレーナーか目の細かいザルでこし、プリン型に均等に注ぎ入れる。

5 深めのバットなどにプリン型を並べ、型が半分ほど浸るように湯を注ぐ。

6 オーブンに入れて150 ～ 160℃で30分蒸し焼きにする。取り出して粗熱をとり、冷蔵庫で冷やす。

【材料（2人分）】

レモン……1個
はちみつ……大さじ2
オーツミルク（または牛乳でも可）
　……380㎖

【下準備】

・レモンは水で濡らして塩適量（分量外）をまぶし、皮はすり洗いしておく。

Point!

時間があれば工程4を2〜3度繰り返すことで、より舌触りがなめらかになります。

小麦粉 不使用	砂糖 不使用	卵 不使用	ベーキング パウダー 不使用	乳製品 不使用

甘酸っぱくてさっぱり

はちみつレモンシャーベット

はちみつの甘酸っぱさにオーツミルクのまろやかさが加わったシャーベットです。
レモンは果汁だけでなく皮も使って爽やかな風味に仕上げました。

【作り方】

1 レモンの皮をおろし器で削る。果肉は半分に切ってボウルに果汁15〜20㎖をしぼり、出てきた種をとり除く。

2 1にはちみつ、オーツミルクを加え、泡立て器などで混ぜ合わせる。

3 バットなどの平らな容器に移し、冷凍庫で2時間以上冷やす。

4 一度冷凍庫からとり出し、スプーンで空気を含ませるように混ぜる。再び冷凍庫で1時間以上冷やして器に盛る。

【材料（2人分）】

冷凍ブルーベリー ……50g
甘酒（砂糖不使用・濃縮タイプ）
　　……100㎖
ヨーグルト ……200㎖

Point!

ブルーベリーの代わりに、他の冷凍フルーツや生のバナナやいちごを使ってもおいしく食べられます。

| 小麦粉不使用 | 砂糖不使用 | 卵不使用 | ベーキングパウダー不使用 |

甘酒とヨーグルトでパパッと！
ブルーベリーアイス

甘酒の甘みとブルーベリーの酸味、ヨーグルトのまろやかさがマッチした、クリーミーなひんやりおやつ。材料を混ぜて冷やすだけなので、冷凍時間を除けばたったの10分で作ることができます。

【作り方】

1 バットなどにすべての材料を入れ、スプーンなどで混ぜ合わせる。

2 表面を平らにし、冷凍庫で2時間以上冷やす。

3 スプーンなどで表面を削るようにして、器に盛る。

【材料（グラス3個分）】

いちご……100g

本みりん……80㎖

湯（80℃以上）……200㎖

ゼラチン……5g

はちみつ……適宜

Point!

・本みりんは、耐熱用のボウルに入れてラップをかけ、電子レンジで1分10秒〜1分20秒加熱してアルコールを飛ばしても作ることができます。

涼しげで華やか♪

いちごの透明ゼリー

小麦粉不使用　　砂糖不使用　　卵不使用　　ベーキングパウダー不使用　　乳製品不使用

ヘルシーで簡単なのに、おもてなしにもぴったりの華やかなゼリー。
ゼリーは本みりんとゼラチンだけで作ったシンプルな味わいなので、
いちごのおいしさをダイレクトに感じられます。

【作り方】

1 いちごは洗ってヘタをとり除き、2〜4等分する。

2 小鍋に本みりんを入れて火にかける。煮立ったら弱火にして1分ほど加熱し、アルコールを飛ばす。

3 ボウルに、2、湯、ゼラチンを入れて泡立て器で混ぜ合わせる。ゼラチンが溶けたら1を加えて軽く混ぜる。

4 耐熱性グラスなどに流し入れ、粗熱がとれたら冷蔵庫で約1時間冷やす。お好みではちみつをかける。

【材料（作りやすい分量）】

卵黄……2個分（約40g）
牛乳（または豆乳[無調整]でも可）
　　……200㎖
本みりん……120㎖
米粉……大さじ2

Point!

作り方4について、ダマが気になるようでしたら裏ごしするときれいに仕上がります。

小麦粉&砂糖不使用

みりんで作るカスタードクリーム

小麦粉
不使用

砂糖
不使用

ベーキング
パウダー
不使用

小麦粉と砂糖を使わないで作るカスタードクリーム。
パンやスポンジに塗るのはもちろん、冷蔵庫で冷やすとプルプルに固まるので、
プリンのようにそのまま食べてもおいしくいただけます。

【作り方】

1 ボウルに牛乳大さじ2、卵黄を入れて泡立て器などで混ぜ、米粉を加えてダマができないように混ぜる。

2 小鍋に本みりんを入れて弱火にかけ、焦がさないよう、半量ほどに煮詰めて残りの牛乳を加え、混ぜながら人肌ほどに温まったら火から下ろす。

3 1に2を少量ずつ加えながら溶き伸ばし、すべて混ぜたら鍋に戻す。

4 弱火にかけ、クリームに混ぜた筋が残るようになるまで混ぜる。

【材料（2人分）】

牛乳(または豆乳[無調整]でも可)
　……150g
ココアパウダー（無糖）…… 小さじ1
メープルシロップ ……小さじ2
片栗粉 ……大さじ1

Point!

・メープルシロップの代わりにはちみつは使わないでください。はちみつの酵素（アミラーゼ）作用でとろみがゆるくなります。
・甘みのある調整ココアを使用する場合は、メープルシロップの量を加減してください。

小麦粉
不使用

砂糖
不使用

卵
不使用

ベーキング
パウダー
不使用

口の中でとろけるおいしさ
ココアブラマンジェ

コーンスターチの代わりに片栗粉を使っているので、手軽に作ることができます。
今回は無糖のココアパウダーを使いほろ苦い大人の味わいに。
調整ココアパウダーを使えば、お子さんにもおすすめです。

【作り方】

1 鍋にココアパウダーと片栗粉を入れ、牛乳を少しずつ加えながらその都度混ぜ合わせる。

2 泡立て器で混ぜながら弱火で加熱し、とろみが出てきたら弱火のまま30秒ほど混ぜて火を止める。

3 粗熱がとれたら、メープルシロップを加えて混ぜ合わせる。

4 器に入れて、冷蔵庫で冷やす。お好みで、ココアパウダーを振りかける。

【材料（2人分）】

生クリーム……100㎖
牛乳（または豆乳［無調整］でも可）
　……200㎖
はちみつ……大さじ1と1/2

Point!

・工程3で混ぜる際、生クリームと牛乳の層に分かれますが、凍ってから混ぜ合わせるので問題ありません。
・牛乳にコーヒーやココア、抹茶などを入れてアレンジするのもおすすめです。

シンプルで素朴な味

ミルクアイスクリーム

小麦粉
不使用

砂糖
不使用

卵
不使用

ベーキング
パウダー
不使用

3つの材料だけで作るとってもシンプルなアイスクリーム。
生クリームのコクと、はちみつのやさしい甘さを感じる上品な味わい。
甘すぎるアイスが苦手な人でも、ペロッとおいしく食べられます。

【作り方】

1 ボウルに牛乳を入れ、はちみつを加えて泡立て器で混ぜ合わせる。

2 別の大きめのボウルに生クリームを入れ、ハンドミキサーで角が立つくらいに泡立てる。

3 2に1を加え、泡立て器で混ぜ、バットなどの平らな容器に移し、冷凍庫で2時間冷やす。

4 一度冷蔵庫から取り出し、スプーンで削って空気を含ませるように混ぜ、再び冷凍庫で冷やして器に盛る。

中平真紀子

元料理・パン講師。現在は、ヨガ・ピラティス講師として働く傍ら、「ヘルシー・簡単・おいしい」をテーマにした、料理研究家としても活動。小麦粉、砂糖を極力使わないおやつやおかずレシピを発信している。作り方が簡単で再現しやすいと話題となり、現在インスタグラムのフォロワー数は14万人超（2023年4月末日現在）。そのほか、旬の素材を味わうヘルシーレシピや腸活ごはんも人気。
Instagram:nakahira_3

Nadia Artistとしても活躍中！
レシピサイト「Nadia」公式サイト
https://oceans-nadia.com/user/586822

とびきりてがるなおやつ
小麦粉と砂糖を使わず、さくっと混ぜるだけ！
2023年6月26日　初版発行

著者／中平真紀子

発行者／山下直久

発行／株式会社KADOKAWA
〒102-8177　東京都千代田区富士見2-13-3
電話　0570-002-301（ナビダイヤル）

印刷所　凸版印刷株式会社
製本所　凸版印刷株式会社